[美] 基恩·泽拉兹尼 | 著　马振晗　马洪德 | 译

用演示说话
麦肯锡商务沟通完全手册（珍藏版）

SAY IT WITH PRESENTATIONS:
HOW TO DESIGN AND DELIVER SUCCESSFUL BUSINESS PRESENTATIONS,
REVISED AND EXPANDED

清华大学出版社
北　京

Gene Zelazny
Say It with Presentations: How to Design and Deliver Successful Business Presentations, Revised and Expanded
EISBN: 978-0-07-147289-0
Copyright © 2006 by Gene Zelazny

All rights reserved. No part of this publication may be reproduced or transmitted in any form or by any means, electronic or mechanical, including without limitation photocopying, recording, taping, or any database, information or retrieval system, without the prior written permission of the publisher.

This authorized Chinese translation edition is jointly published by McGraw-Hill Education(Asia) and Tsinghua University Press Limited. This edition is authorized for sale in the People's Republic of China only, excluding Hong Kong, Macao SAR and Taiwan.

Copyright © 2013 by McGraw-Hill Education(Singapore)PTE.LTD. and Tsinghua University Press Limited.

版权所有。未经出版人事先书面许可，对本出版物的任何部分不得以任何方式或途径复制或传播，包括但不限于复印、录制、录音，或通过任何数据库、信息或可检索的系统。

本授权中文简体字翻译版由麦格劳-希尔(亚洲)教育出版公司和清华大学出版社有限公司合作出版。此版本经授权仅限在中华人民共和国境内(不包括香港特别行政区、澳门特别行政区和台湾)销售。

版权©2013由麦格劳-希尔(亚洲)教育出版公司与清华大学出版社有限公司所有。

北京市版权局著作权合同登记号 图字：01-2007-2620

本书封面贴有McGraw-Hill Education公司防伪标签，无标签者不得销售。
版权所有，侵权必究。举报：010-62782989，beiqinquan@tup.tsinghua.edu.cn。

图书在版编目(CIP)数据

用演示说话：麦肯锡商务沟通完全手册(珍藏版) / (美) 泽拉兹尼(Zelazny,G.) 著；马振晗，马洪德 译. —北京：清华大学出版社，2013.10(2024.5重印)
书名原文：Say It with Presentations: How to Design and Deliver Successful Business Presentations, Revised and Expanded
ISBN 978-7-302-33686-0

Ⅰ.①用… Ⅱ.①泽… ②马… ③马… Ⅲ.①商业—演示法—手册 Ⅳ.①F713.8-62

中国版本图书馆CIP数据核字(2013)第211640号

责任编辑：陈 莉 高 屾
封面设计：周晓亮
版式设计：思创景点
责任校对：曹 阳
责任印制：沈 露

出版发行：清华大学出版社
网　　址：https://www.tup.com.cn，https://www.wqxuetang.com
地　　址：北京清华大学学研大厦A座　　　　邮　编：100084
社 总 机：010-83470000　　　　　　　　　　邮　购：010-62786544
投稿与读者服务：010-62776969，c-service@tup.tsinghua.edu.cn
质 量 反 馈：010-62772015，zhiliang@tup.tsinghua.edu.cn

印 装 者：三河市铭诚印务有限公司
经　　销：全国新华书店
开　　本：185mm×230mm　　印　张：11.75　　字　数：135千字
版　　次：2013年10月第1版　　　　　　　　印　次：2024年5月第18次印刷
定　　价：45.00元

产品编号：055191-02

导　言

你是在被要求下做演示

假如你被要求进行一次商业演示。强调你被"要求"进行,是因为我们大多数人肯定不会自愿做演示。

"别让我去演示。"你心中不满地嘟哝道。

"你自己去说服当地的市政委员同意我们在他们的后院放置有毒垃圾。"

"你自己去劝说公司让两个工厂停产并解雇2 000个雇员。"

"你自己去告诉业务部门的领导们,为什么他们这些部门必须削减40%的开支。"

"你自己去说服董事会,为了公司的生存,必须削减上至总裁下到厨师的7 000名雇员32%的工资。"

你会主动要求去做这些事吗?反正我肯定不干。

所以说,你是在被"要求"之下才会进行商业演示。

"怎么回事,你疯了吗?"你心中继续这样嘟哝,"你真的希望发生在杰伊身上的事情在我身上重演?你不记得当他刚开始做报告说'今天，我们的目的是……',只听到那首席执行官说'不,那不是我们的目的'时的尴尬？你忘了沙拉邀请了75人而只有9人到会吗？你难道不知道他们因为没有合适的接线,没能将米歇尔的笔记本电脑同液晶显示器连接时的困境吗？"

所以说你是被"要求"进行商业演示。

你还会这样想,"演示时双手会冒着冷汗,两膝不停颤抖,心里忐忑不安,临时胡拼乱凑内容,紧张得直出错,问题不好答,我可不想干那事。"

所以说你是被"要求"进行商业演示。

"而且,"你会在心里呜咽着说,"准备这种演示,组织内容,制作直观教具、分发印刷品,一遍遍地练呀练,你知道需要多少时间吗？要花多大的代价吗？我可没时间。"

为什么要推脱呢？你要知道,最终你还是得去干。这也是我写作此书的原因。书中的实例以及一些实用的观点,都来自于我筹划和表述过的许多演示,以及我总结修改来自于老朋友、同事们的40多年的演示经验。

我并不是说这本书可以作为教材,因而你可以从中学习筹划并发表演示。你不可能只看看操作手册就能学会骑自行车。唯一的办法是骑在车上学,摔下来了就再骑上去练,再摔下来就再骑上去,只有这样你才能学会骑自行车。演示也是这样。这本书告诉你该如何进行演示:你必须去踩脚踏板。

在你骑上自行车之前要注意一点。假设你已经设计好了演示内容,仔细查找了支持论据,结论也符合逻辑,建议也切合实际,那么,这个演示就是你与成功之间的关键联系。它把事实和观点传达给观众。为做演示去充分了解你的资料，由此产生的信心是无可替代的。本书阐述的正是筹划演示和具体操作演示时所必须具备的能力。

如果你仅有两分钟的空余时间，那么请把注意力转到下面紧接着的一节"听众权利法"。在你今后每次准备演示时，你可能都想重温一下它的内容。当你拥有更多的时间时，再去浏览、学习本书的其他部分内容，从而进一步掌握如何才能捍卫听众的权利。可以学习本书的其他三篇，这样才会知道如何明确演示任务、筹划演示和进行演示。

"听众权利法"概念的产生,源于我的一位客户。一天,正当我要下班时,他说,我是你公司的一名观众,我有什么该知道的权利吗?

我从世界各地的同事那里得到的实例也许在你做演示时能提供帮助。

关于目的

事前确知你希望我在听了演示后做什么或持什么观点的权利。

申明我出席演示的原因的权利。

因出席演示耗用时间,从而要求应该获得回报的权利。

关于尊重

享有贡献知识,并分享演示成果的权利。

要求提供思考时间,避免被要求不思考就做出决定的权利。

要求对话时做到文明礼貌，平等交流，互相尊重的权利。要求尊重我的经验、智力和知识。

当你答不出我的提问时，要求你诚实坦白的权利。

当演示安排不当时，听众享有表达不满、中途退场的权利(那是很少使用的)。

关于时间

预先知道演示会持续多长时间的权利。

让演示按时开始和结束的权利。

享有偶尔离席片刻的权利，不仅仅出于生理需求。

关于内容

预先了解我们将要听到的内容、演示将怎样进行的权利。

预先了解要讨论什么决策、了解你所持观点的论据，以及支持这些论据的事实的权利。

预先得知重要信息的权利。出人意料的结局只应在欧·亨利的小说中出现。

关于视觉

坐在听众席中任何位置，而无需借助望远镜都能看清每个字的权利。

要求解释复杂图表的权利。

关于灵活性

要求演示中断的权利,从而可进行讨论、组成帮助小组以达成必要的共识。

享有在演示中的任何时刻提问,并要求得到即时回答的权利,而不是得到"我后面将会提到"那样的敷衍回答。

关于内容表述的权利

即使坐在房间后面也能听清你讲话的权利。

专心致志地听讲,不受粗野手势干扰的权利。

当你面对镜头做演示并且希望用你宣讲的信息打动我时,听众坐在观众席上能看你的正面而不是你的后脑勺的权利。

享受你的幽默表演的权利,这种幽默感有利于你放松并创造友好气氛,从而使你的演示得到更高的评价。

关于结束

了解演示已经达成何种一致的结论,以及以后将会怎么样进展的权利。

结束时自我感觉有获得某种成就感的权利。

目录 CONTENTS

第1篇 明确演示任务
- 为什么要进行演示 5
- 你想要说服谁 11
- 演示需要多长时间 19
- 选用哪种媒介 23

第2篇 筹备演示 37
- 明确信息 43
- 组织演示过程 47
- 设计导入方法 55
- 计划结尾 59
- 用想象说话 61
- 用比喻说话 67
- 用艺术说话 71
- 用音乐说话 75
- 用幽默说话 77
- 用动画说话 79
- 用动画说话(以及比喻) 81
- 用图像说话 83
- 用观众的参与说话 85
- 想象从何而来 87
- 设计文字效果 97
- 确保简单易读 105
- 创建演示情节串联板 109
- 准备演示 115

第3篇 进行演示 119
- 信心 123
- 确信 125
- 热诚 127
- 预演：找出不完美之处 129
- 安置设备 135
- 运用讲话技巧 139
- 借助可视化工具 145
- 习惯解答问题 151
- 慎于幽默 157
- 倾听沉默 161

结束篇 163
- 成功演示的10个规则 167
- 用演示说话提纲表 169

第1篇
明确演示任务

我们对商业演示做出的最具洞察性、最确切的定义性描述——与演示、训练或发言的定义不同——来自我的朋友安东尼·杰伊(Antony Jay)先生，他如是说："演示，就是说服别人。"[1]你希望：

---
1 安东尼·杰伊，罗斯·杰伊. 有效的演示. 伦敦：皮特曼出版，1996

- 说服市政委员会的成员同意把有毒垃圾物堆放在他们的后院；
- 说服公司的组建者关闭两个工厂；
- 说服业务部门的领导们把成本降低40%。

这些才是你应进行的研究、采访、分析工作。你要24小时连续不断地研究、分析，从而得到将要在演示中给观众提出的建议。

现在，让我们喘口气，把大量的数据、电子表格、采访记录和图表放在一边，用大约15分钟的时间来分析、明确你所面临的形势。认真思考，这次演示与你上周所做的及下周将要做的有什么不同。我认为，这种工作肯定会帮你找到你打算从演示中得到的结论。它甚至还可能告诉你有没有必要做这次演示？如果你能找到一个更好的方法进行这一说服活动，何乐而不为？

你必须回答下面这些问题：

- 为什么要做这次演示？
- 想通过演示去说服谁？
- 演示需要用多长时间？
- 选择哪一种媒介能把演示做得最好？

下面，我们将对这些问题分别予以详细讨论。

为什么要进行演示

说实话,你当然有比筹划演示更好的方式来安排你的时间。假如你按照事情的重要程度列出5种你最喜欢做的事情的先后顺序,那么,在观众面前做演示这件事,能列入这5件事情之中吗?我看不一定。

我凭个人直觉认为,你并不喜欢做演示。而对于观众来说,他们更厌烦坐在那里听你做演示。说实话,为了不听,他们可能会做出这样一些事情:为逃避看演示而说假话;找借口离开或不到现场;让手机在他们实在不愿听演示的时候响起来;事先叫他们的助手准备好,当演示进行10分钟后进来,煞有介事地递给其一个空白便条,表现出有急事要去办的样子,然后借口离开。

要知道,这可不是因为哪个人的原因造成的问题。道理很简单,无论参与谁做的演示,他们都要坐下来耐着性子听,这种滋味可比做演示好不了多少。如果像我想的那样,他们就会在我要求列的次序表中把演示排得更靠后,放在以下事件之后。

(1) 和女友约会；

(2) 打网球；

(3) 骑自行车兜风；

(4) 到旧书店翻阅书籍；

(5) 做一次推拿按摩。

这样，在你进行演示时，你就应该告诉听众一个为什么要耐着性子听完的理由，让他们感觉到你的演示是绝对必需的。你的工作需要得到他们的同意且使他们乐于接受，否则你的演示可能会进行不下去。你必须与他们协商一致，达成认真听完的协议，从而获得听众的支持，否则你的演示可能根本就不能很好地进行下去。你需要借助于他们的深刻见解和洞察力、他们在组织机构中的地位、在所讨论的问题涉及的领域内的阅历等，所有这些对你的演示有帮助。不这样做就说明你非常盲目，且傲慢自大。

这就是定义目标的全部内容。实际上，一个好的定义目标的方法就是用一句话来表述，你想要听众在听了你的演示之后该做什么或者思考什么。这一任务有三个子内容：

(1) 将演示内容限定为一句话。如果它超过一句话，就说明你自己对目标尚不清楚。你的演示可能会有几个混淆不清的目的。

(2) 确立切实可行的目标。例如，要求听众现场做出投资决定，向一个新产品投入数百万美元，就是不切实际的目标。企图只通过一次演示就使投资者做出这样的决定，这是根本做不到的。

我曾经同几位企业家一道工作，他们准备为一些感兴趣的银行投资家做一次演示。我要求他们每个人各自写下演示的目的。第一个人写道：我想使我的听众对我的演示印象深刻。"那太容易了，"我说，

"发给他们一些当下最抢手的展览门票，那一定会使他们对你的演示留下深刻的印象。"第二个人表达的目的较为具体。他说："我想让我的听众乐于对我的产品创意进行投资。"这是一个很好的主意。我从钱包里拿出一张1美元钞票给他，问他这是否算实现了他的目的。"当然不是，"他说，"我想要的是150万美元。"

是的，太好了，这可以非常容易地实现自己的愿望！实际上，有一个更好、更为切实的目的是，比方说，让他们同意投资25万美元来进行市场可行性试验，然后再进行一次演示争取得到更大追加数额的资金投入。

(3) 确保演示发挥应有的作用。

专业术语是：你想要你的听众做什么？

如果你是想检查你的工作进展是否按时进行，这可没有什么太大意义。如果在演示结束时，你听见听众说："谢谢你，我们现在了解你的工作进展是怎样的了。"你会因此而感到满意吗？其实你可能原本打算使听众在得到你所提供的信息以后行动起来，或者你本想得到他们的支持，以利于开展你下一阶段的工作。

如果说你的目的是想使你的听众了解一些信息，或者与他们在某些事情方面进行沟通、理解，这也是不够的。因为每一个演示都是为了给听众提供信息，并且让他们理解。问题是你想让听众在了解你所提供的信息之后怎么去做。具体地说，例如：

- 你想让市政委员会签署有关在新地点存放垃圾合法化的法令。
- 你想让公司组建者同意关闭两个工厂的调整战略。
- 你想让业务部门领导人开始进行成本削减。

一个定义清晰的目标拥有巨大的价值。

- 这一目标可以帮助你判断是否真正需要进行演示。也许你可以花时间去做更有意义的事，况且并没有人有耐心去听不必要的演示。所以，应审慎斟酌、思考你的目标。假如你通过打电话就能达到这样的目的，那么就没有必要进行这样的演示。如果你只需通过写出一个简要的备忘录就能达到目的，也同样不要进行演示。在你进行演示之前，你要确信能使所有的听众在同一时间听取同样的信息、能够回答他们所有的问题、给予他们充分的机会来交换意见，从而就接下来应采取的措施达成一致。这是你达到预定目标的最好办法。总而言之，表述出明确的目标能帮助你制定出沟通的策略。

- 它能帮助听众集中精神和注意力。把目标表述清楚能够使听众把注意力集中到你的演示上，从而听众也能更合理地分配他们的精力。

- 它带领你从考虑"我应该要听众听什么，看什么"转移到"为了实现这一目标，我的听众应该听什么和看什么"。也就是说，考虑你的目标时，不是从你的立场来考虑你的目标，而是从听众的立场来考虑你的目标。换位思考他们需要看到和听到什么，他们才会同意你要他们做的事情。

- 能否实现你的目标是检验你的演示是否取得成功的唯一标准。如果你没有把你的目标表达得足够清楚，你就没有办法，没有标准去评判你的演示效果同你所付出的努力是否相称。如果人们说你是一个伟大的演说家，或者说你的形象气质很好，这当然很好，但是，这仍然无法证明你花在演示上的时间和做出的努力与你取得的结果是相称的。

筹划演示时没有明确的目标就像无的放矢，那样只能搞得一团糟，而且没有功效。明确的目标能随时提醒你，在特定的时间、对于特定的听众，你应该做什么或能做到什么。因此在你决定演示的主题以及选择如何表述内容之前，一定要用一句话写下你的目标。

你想要说服谁

一些有经验的演示者对于了解听众想法的重要性有如下观点:

在筹划一次演示时,不把观众放在心里,就好像写情书时不知道该寄给谁,而写上"寄给有关的人"一样。

——肯·汉默,AT&T公司

从来就没有哑巴听众。如果他们不理解你,那是因为你不会讲解、传递信息。

——哈韦·高乐伯,美洲快运

我不会去分析我所有的听众,我要去分析听众中的个别人。

——勒维尔·贝伦,麦肯锡公司

你说的是什么并不重要,重要的是听众听到了什么内容。

——内德·奥巴赫,波士顿塞第克斯

我相信，你一定同意这样的观点：向银行家讲述银行业的技术，与向一班小学生讲解这些技术所得到的效果是不一样的。同理，向高级管理人员讲述提高销售能力的效力与向销售人员做这样的讲解也是不同的。所以，明确情势的最重要步骤之一，就是分析你的听众。

分析你的听众不仅仅是了解你的听众。当然，你要知道听众中每个人的姓名和头衔。你还要知道将会有多少人出席演示会。可是，分析听众的含义，主要是指你将让你的听众以何种方式听到、理解和赞同你所演示的主题。它意味着你期待听众对你的主题做出积极的反应。

在这些问题中，你要切实认真思考的问题有以下几个。

谁是决策人？

在所有演示会的听众中，都会有一部分听众对你所讲的主题了解很多，而另外一部分听众却了解很少；有一些听众会与你产生共鸣，而另外一些则可能完全无动于衷。如果你打算使你的演示能满足所有听众的需要，那么你的演示效果就会大打折扣，因为你所提供的信息对于某些人来说实在是太多了，但可能对另外一些人来说则远远不够，特别不应该的是你无法满足打算支持你想法的听众的需求。

回想一下你的演示目标。对于你想要完成的目标，谁是处于说"是"或者说"不是"这个最关键位置的决策者？可能是一个人，也许是两个或者是三个人。能拍板决定对你的新产品创意进行投资的人是谁？谁掌握着告知你开始执行计划的权利？又是谁管理财务？你要通过你的演示来满足以上这些人的需求。这不是说你因此可以不尊重、忽视听众中的其他成员，而是要你集中精力关注、突出那些决策者最需要听到的和看到的内容，从而让他们赞同你的目标。

听众对演示材料的熟悉程度如何？

既不能低估了你的听众的智力，也不要过高估计他们对演示相关资料的了解程度。他们像你一样了解演示涉及的有关知识吗？你能使用他们的语言，他们的专业用语吗？如果不是这样，你就必须尊重、服从他们的理解水平，从而让他们的理解可以跟上演示。这可能意味着，有时在演示之前需要向观众展示一些背景辅助材料信息；而在另外一些时候，则需要在演示中花费很多时间来跟听众讨论并不熟悉的资料。

听众的兴趣如何？

毋庸置疑，你是很在意这个问题的。因为在这一主题上，你已花费了数天、数周甚至数月的时间。为了筹备演示素材并且进行排练，你经常彻夜不眠。听众会像你一样把这个主题放在心里吗？如果是这样，那是最理想的，那么你可以直接去处理有关主题的工作。如果不是，那么你就要尽可能快地激发他们对于该主题的兴趣，紧紧抓住他们的注意力，把他们的注意力从他们对电子邮件、语音信箱、邮递邮件以及其他诸如此类的事情的期待上吸引过来。

演示主题对听众有什么利害关系？

如果听众同意你的建议，他们会得到什么？又会失去什么？

有一个故事可以说明这一点。一位主流新闻周刊杂志的审计师告诉我，他注意到，一到九月份，他那个公司的各项办公费用就会"急速上升"。他检查了公司过去几年的相关财务数据，确信这一现象一直周期性地重复出现。他觉得有必要汇报这一重要现象以引起总裁的关注。这样一来，他就必须做一次演示。"问题的原因是什么呢？"总裁问。我的朋友回答说："在九月份，我们所有的采访记者、新闻记者、专栏作家、编辑和研究学者都在为自己的孩子们准备新学期的文具用品。"

总裁考虑了一会儿，说，"我们一定要把这件事处理妥当。"

公司在这件事上的最优处理目标，想起来应该是使公司的成本得到降低。而另一个潜在后果是，公司会失去员工们的工作热情。决策者不想通过牺牲员工的士气来降低公司成本。要是出现那种情况的话，公司所得到的利益同公司所损失的太不相称了。

总而言之，你不能仅仅基于对事实的分析，就去做你想要做的事情。建议付诸实施后会带来其他方面哪些负面的影响，是你必须为你的听众考虑的。

> **如果你劝说听众去做的事情是如此之好，那么，为什么以前没有人这么做呢？还有，如果你劝说听众们所做的事情这么好，他们又为什么说"不"？**

一般情况下我们相信，当你演示出的是事实时，有头脑的人会做出相应理智的决定。我们确实希望人们会这样。而实际上真正的情况是，在人们做出决定时经常会受感情的左右，不一定能理智地做出正确决定。

例如，拿我戒掉抽烟习惯这件事为例。有33年了，我一直把烟叼在嘴里。当我在空军服役时，我就认为，如果一个人不纹身、不会骑马、嘴上不叼着一根万宝路，他就不是一个"男子汉"。我认为三者居其一就马马虎虎说得过去。经过这么多年，我听过许多从不同角度劝说我戒烟的演示。主题都一样，但说法做法不同。所有的演示都是简单易懂、逻辑性很强，但没有一次能够说服我停止抽烟。你看下面这些劝说：

从财务角度劝说的演示。"基恩，你能算出一天一包烟要花掉你多少钱吗？在这张电子表格上，我帮你算出了你用在抽烟上的花销。如果你停止抽烟，到年底，这些省下的钱够你买一副质量极好的网球拍，那可是你梦寐以求的。"这笔经济账算的的确很有意义，却未能使我停止抽烟。

形象直观的演示。"基恩，我制作出一幅活生生的黑白图片，我将在20平方英尺的屏幕上向3 000人显示你的肺部造影，让大家看看你所吸入的焦油是如何侵蚀你的肺部组织的。"这的确是一幅具有强大说服力的图片，却没有说服我停止抽烟。

警戒性的演示。我的医生说："基恩，事实就是这样简单，如果你继续抽下去，你会死掉。"这话说得很恐怖，不过，也没有说服我让我停止抽烟。

具有人情味的演示。"爸爸，"我的女儿米切尔和多娜苦苦哀求我说，"我们不愿失去你。"啊！那次使我停止了抽烟——大约停止了20分钟吧！

关键一点在于，有些时候，并不是只要有一个好的理由就可以让听众下定决心听从你，而是要劝诫听众，让他们克服对必须做出的理智变化产生的抵御心理。我经常会说：我不在乎变化本身，却讨厌变化的过程。我知道如何应对由吸烟带来的麻烦的方法，却不知道如何应对因停止吸烟而困扰我的问题。举个例子来说，这会产生体重增加的新问题。对付老问题总是比较容易些吧！

好！我听到了你的问题："怎样做会让我停止吸烟呢？"

一段时间以来，在你的演示中、文章中、电视和广播里的演示中都有一大堆观点，以及社会压力会限定、约束我何时、何地可以或不可以抽烟。正是这些因素综合在一起，再加上我心理上已经做好了准备接受戒烟建议，我就停止抽烟了。

商业世界里的情形可能也是如此。你不能总是设想听众只是在听了一次演示之后，就马上理智地按照你要求的去做。你可能需要判断听众内心深处的变化，确定听众是否已做好接受你的建议的心理准备。如果答案是否定的，那么你或许应该重新审视你的沟通策略。你可能需要做一系列的演示来一步一步地提出你的观点。你还可能需要同决策者们举行一系列会议来讨论话题、确定商讨的范围，一直到你确信演示达到了预期的效果。

迈克就是这样做演示的。他请我审查他为董事会所准备的演示。他来到我的办公室，然后开始演示他认为最有说服力的观点，即要求董事会对公司组织结构实现权力集中化。这样可以收到节约成本、提高决策能力、减少沟通环节等好的效果……

在他大约进行了15分钟的演示后，我确信，要同他的逻辑观点辩论是非常费力的。我告诉他这样你可以去进行演示了。然而，我注意到他离开我的办公室时脚步有些快，有些紧张，就好像逃出似的——仿佛有什么事急着走。

当他走到门口时，我的最后一个问题让他的脚步停了下来。"迈克，等一分钟。如果这个公司这么迫切需要实现权力集中化，那么以前他们为什么没有这么做呢？"接着，我又提出一个爆炸性的关键问题："他们为什么要说'不'？"

迈克的脸色突然变了。他说："我真希望你没有提出这个问题！事实上，他们就是不同意这样去做。"他这样解释，尽管地区经理们在执行总裁和董事们面前会点头同意这么做，但在回到各自的地区后却因不愿放弃他们的权力而反对执行。

我接着同迈克讨论了该如何应对这种情况，最终，他同意改变他的沟通策略。他与各地区同每一位地区经理进行协商。正因为这样，后来他才成功地使董事会接受了他的演示。

他们的态度是什么？他们是反对还是赞同你的建议？

我有这么一个强烈印象：如果你对商业着迷，并且你是一个准备要进行演示的人，那么你就选错了职业。因为，在这些演示中，你总是以建议的方式给别人以劝告。正像你已经知道的那样，没有比劝告别人更容易树敌的做法了。"祝你有美好的一天！"在付过账离开超市的时候收银员说。我暗地里小声咕哝道："可别告诉我该去做什么。"

你的建议可能真的不受欢迎，但这并不等于说听众就是你的敌人，或者他们和你必然敌对。我从来就不是我的牙医的粉丝，她总是一遍又一遍地告诫我，要求我在每餐后都要刷牙，清除牙垢。我可不喜欢听她的劝告。但是另一方面，我也明白，如果我不爱护自己的牙齿，那么我将付出相应的代价。我虽然不喜欢她的劝告，但我了解她的建议的价值。而且，(答应我你不会告诉她)我确实会清除牙垢——只不过是偶尔做做。

在听了你的演示之后，你的听众听了你要求他们做什么，不会因此而高兴地跳起来。因此，在演示结束提出你的建议之前，你就应该耐心地组织语句构造你的演示。下一章节我们将会更进一步详细地讨论这件事。

听众如何理解你的演示资料？

他们更喜欢数字还是更喜欢图表？他们是不是色盲？他们"接受"视觉演示吗？这也就是说，在比您阅读完本章节还要少的时间之内，对于那些违反朴素易懂规则的演示，他们能否理解并抓住本质的内容？

对于听众具有的所有成见和奇怪习惯(诸如"我不喜欢光彩绚丽的幻灯片"、"我不喜欢褐色"，等等)，你很难完全预见到。不过，如果你能再深入一步地做工作，在演示之前，就同以前给这些听众做过演示的同事沟通一下，然后在听众中选几个人试听一下你所演示的素材，与决策者的亲近朋友预先单独讨论一下——你就会发现应该如何预先做好应对问题的准备。

演示需要多长时间

当观众为了你的演示而聚集在一起时,每个听众的心里都肯定会产生这样一个问题:"这个演示要占用我多长时间?"

通常情况下你是被动的,无权做决定的,因为已经有人决定并指示你这次演示要用多长时间。如果你确有决定权,那么要记住,占用时间越少越好;如果在一个小时之内你还不能让观众了解你的信息,那么给你两个小时也做不到多好。

用这个方法思考一下:电影的放映时间平均约为90分钟,电视剧大约需要22分钟(不包括广告占用的时间);广告大约占用30秒或更少的时间。当然,这些多数都是简单的信息。若是商业演示则要复杂得多,不能简单比较。然而演示时间的长短与观众的眼睛是否会因厌倦、疲劳而闭上,两者之间确实是有直接关系的。对于一个听过多次演示的人来说,如果你演示时用的实际时间比预定的短,他绝不会因此而抱怨你;反之,如果演示用的时间超过预定,他们就会抱怨,而且我认为这是理所当然的。在我被邀请做演示时,我常常要求预定时间比我所需要的时间多一些,而在演示时,我再争取能提前一点结束。这样离开时,听众就会觉得他们占了便宜。他们喜欢这样的结果。不管给我多长的时间,也不管我会遇到多少个问题,我都会保证按照我所承诺的时间结束演示,即使在演示中省略掉一些材料我也会这样去做。

如果在演示安排的时间段内还未达到预定目的怎么办?这里有几点建议。

- 演示前对演示预期要求不要太高,应该更符合实际些、更客观些。达不到预定目的,就计划做第二次演示或安排一个后续会议把目标实现。

- 在演示之前的几天内,准备一些有关演示内容简介的印刷品分发出去,让观众预先得到一些初步信息。在演示期间,再特别为那些可能没看过简介的人进行指点并总结要点。我之所以强调总结这个词,是说不要逐页重复讲义的内容,那样会使你处于尴尬的局面。如果演示者重复前面的讲义，观众中的决策者就会说，"你可以假定我们已经读了你发的讲义稿，不要再重复了，我们今天想要的是对我们该干些什么来做出决定。"

- 另外一种可供选择的方法是，让观众明白，分发给他们的材料中包含更多的信息(如果可能，避免在演示开始时分发印刷品，因为这样你会将观众的注意力从你以及你的演示上转移开)。
- 准备更多的详细信息和背景资料，以便在听众希望了解更多时备用——例如预计数据的支撑假设。
- 设计好演示段落以及你打算出示的图像材料的重点：
  (1) 必须演示的内容；
  (2) 可以忽视、省略的内容。
- 与观众达成新的一致。可想而知，当演示即将结束而听众仍带着许多困惑的问题时，显然不可能按时结束演示。在这种情况下，许多观众会留在屋子里，觉得你还没有讲完。这时你应该停下来，提出一个新建议："给我们几分钟时间，让其他有事要去做的人先离开会场。有问题的人可以留下，只要你们提出问题，我就会做出解答。"这样，1/3的观众散去了。你和留下的观众一起度过了接下来的半个小时。

即使时间不算是问题，减少你要阐述的细节也是一个很好的主意。我的一个朋友把阐述过多细节、企图展示一切的倾向称为"APK综合症"，即急切展示知识综合症。如果那样去演示，那么陈述进行大约40分钟后，在听众眼里看来，每一幅线形图都像一碗意大利细条实心面条，而饼图则更像一片荒凉的沙漠。

当然我们确信你能准时开始演示。可是如果观众不准时，那该如何是好呢？

你仍然可以按时开始演示，但这只能视情况而定。如果到场的观众不是很多，你可以再等三五分钟，但你有义务为那些准时到的观众按时开始。总之，不管那些听众有何种原因、为了什么情况而迟到，我们不要因为那些不准时的人而损害准时到达的听众的利益。

是这个道理。但是，如果听众中有决策者迟到了怎么办？

仍然按时开始。可以在当迟到者到场时，再总结一下你刚才讲过的内容，告诉迟到者你现在讲到了哪里。我平时就注意到，其实按时到达的观众并不是很在意这种演示的不连续，而是更在乎演示是否能按时开始。

我回忆起有一次，在听众中某位决策人尚未到场的情况下，我按时开始了演示。演示开始20分钟后她才到场。我对她的迟到视而不见，继续进行我的演示。

这时，一位听众打断了我的演示，告诉我说，如果这位后到者不知道演示内容的话，听众的意见是无法最后达成一致的。他建议我花费一些时间把我所讲过的观点归纳总结一下。我按这位听众的建议做了，后来的演示进程证明，由于全体听众都听取了完整的演示内容，就使我很容易地实现了让大家达成一致意见的目的。

我一向认为严格遵循按时开始、按时结束演示的原则，其重要性，是比组织、安排演示材料更加值得强调的。这是做事诚实和守信的问题。如果我们做到按计划进行，就会凸显我们遵守协议、履行承诺的主观愿望和办事能力。

选用哪种媒介

如果让我用我自己的方法的话,我要选择那些在任何特殊的演示环境都可以使用,且便于安装、架设的媒介装备。那将是最为理想的媒介。它在或大或小的房间内,在室内光下都应该是可以使用的。它的光源应永远不会被烧坏。它应该是可以凭借视频设备,利用原来的任何尺寸的原件都可以复制的直观教具,这些直观教具成本低廉、易于改装而且可以使用任何现有复制设备去制作。这些直观教具色彩鲜艳,光亮强烈或者是呈现黑白明显对比,无论有多少听众,从1人到1 000个人都可以看得清。听我说到这里,可能有人会说,做你的梦去吧,泽拉兹尼!

没有任何一个媒介会同时具备所有这些优点。下面我们就根据不同需要,列出不同的媒介以及它们各自的优缺点。

1. 传统的站立式演示

让我们从下面这种场景开始,你在屋子前面,站在一个屏幕或画架的旁边，听众都在房间里面。

计算机驱动的显示屏演示可以在很多场合用来为听众提供讲解。下面是有关这种技术所带来的切实可行的演示内容。因篇幅所限，我不能列出所有我想展示的内容，但是，通过我列出的每种方法，你都能联想到可以做到的事情，进而提升你演示的技术层次。

让我们从屏幕上的基础演示开始吧！

增加动画内容。你能通过在屏幕上"移离或移向"图像目标、"从上向下或从下向上擦除"图像、使图像或物体"渐渐隐去"的方法来增加直观教具的动感和方向感。例如，你可以在结构图中显示某一过程中物体的流动或者团队中责任的分配流程。

加入扫描的图片。将产品图片或者人物的彩色图片扫描进直观教具中是简单易行的。而且，随着数码相机的普遍运用，你可以随时拍摄你想要的照片，然后将它输入到计算机中去，并根据需要，对它进行编辑、修正。

增加声音效果。用电话铃声或者汽车喇叭声来增加表现图像的真实感，你认为那样的效果会是怎么样的?用一系列赞同的声音来引证一个新想法，或者用音乐来制造某种情绪，效果又将会怎么样？

增加录像。播放一段你所描述的情景的录像选辑：体现生产线上的瓶颈环节、反映推销员推销商品的过程，你认为效果又会如何呢？

增加链接。通过单击产品网址来了解产品生产厂家，查找并了解所有可能的商品网页上的产品详细信息，将产品同它的生产商联系起来。使用软件程序使你可以模拟现场，辅助你考虑确定何种执行方案。

总而言之，给人留下深刻印象的一系列计算机技术对你演示成功具有重要意义。然而，正如你应该想到的那样，它们同时具有正面和负面的效果。

可以肯定的是，录像、声音、动画或特殊效果的使用会使交流变得更为生动，相对于单调乏味的图表和文字，这种演示能使人印象更为深刻。

在屏幕上使用的演示技术最突出的优势之一是，在演示过程中，或者当你处在从一个演示地点赶往另一个演示地点的间断时段期间，可以趁机修改直观教具的内容，根据临时需要及时增加内容或对可视化效果进行修改。

因为使用这些计算机技术的演示能够增加非线性的内容，从而使得演示变得能通过不同方式更加机动灵活，进一步适应不同听众的诸多需求。这样你从一开始就对一个准备接受的听众轻松自如地提出你的建议，而对于那些抱有抵触心理的听众，等到在最后要结束时才谨慎地提出你的建议。

不利的因素在于，这些设备不是那么容易连接在一起的。尝试将笔记本电脑连接到LCD投影仪上，并都连接上电源，再把这些设备都按照顺序连接好，等等，这是对一个人耐心的最大考验。

动画、渐隐、扫出(入)、移动箭头以及许多此类技术的运用，能把你的演示做得看起来非常巧妙，但同时会给人以一种印象：觉得你花费工夫耗费钱财把直观教具做得那样花哨，超出了传递你的演示信息的需要——说明你重视外表胜于重视内容，有"花架子"之嫌。当然，这主要看观众会怎么认为。

采用这种演示的另外一个不利因素是这样会使得演示变得更加"可视化/口语化"，听众会将注意焦点更多地集中在屏幕的可视化效果而不是演示者所讲述的内容上。这种效果就好像是演示者在讲述他的旅行见闻,而声音却从看不到的背景中传来。

在商业演示中,我特别提醒你注意这一点,演示者是演示的中心,可视化效果只是一种辅助工具。这样,我建议至少应该在演示的开头和结尾不使用可视化效果以及灯光效果,而直接向听众讲述所要表达的内容。

对于听众人数在4人以上,我不能确定上限是多少,使用幻灯机最好。我曾经在听众人数多达700人时使用过这种工具。如果非要确定个人数上限的话,那就是40人吧。

我特别喜欢这一媒介的原因是我可以随意改变使用直观教具的前后顺序。需要的话我可以减少一些幻灯片,也可以增加备用幻灯片,还可以在空白的幻灯片上做记录,以抓住飘忽而至的灵感,这都比使用其他媒介更容易实现。使用这种媒介可以使室内灯光更明亮,对于这一点,我确实喜欢。另一方面,这一教具所具有的优点给了我很大的机动性,在大多数商业环境的交互式交流中都需要这种机动性。

我想不出幻灯机有什么缺点。因为会议中心和机构都按常规备有这些物品,所以它即使不具备便携性也无伤大雅。同时,办公复印机也降低了制作幻灯片的成本。

在另外一方面,得益于计算机显示技术的发展,幻灯机即将走入历史。如果是这样,那么就让我们对幻灯机40年以来,在商业演示中所扮演的重要角色而给予热烈的掌声,以表示对它的感谢吧!

黑板架或者电子白板对于讨论来说较为方便。在交互式会议中,使用黑板或电子白板记录讨论的主题会让听众产生一种参与感,因此可以使讨论变得非常活跃。

另外,你的板书应该是工整的而且是易于辨认的,你的书写要快速、流利，并且时刻保持版面的简洁，否则，你大多数时间会是背对听众在黑板上书写，而不是同听众交换你的想法。如果只是从易于辨认的角度来考虑，我建议当听众人数不超过15人时，可以使用这种教具。如果超过15人，那么我建议你使用投影仪。

2. 讨论会

现在让我们把场景转换到一个小型座谈会上面来，我们假设每个听众手里面都有一份报告，也就是所谓的可视化讲义，在你进行演示的时候可以随时查看。在这种情况下，我们把这种材料称之为卷展式直观教具。

卷展式直观教具最好应用于不多于6个人的互动交流演示场合，尤其是应用于目的是讨论工作日期、检验事实的标准性、提出问题、测试结论、统一建议和执行承诺等。

使用卷展式直观教具的优势在于，在讨论中，每一个人都能平等地参与。同样，听众也可以直接在卷展式直观教具上书写记录，当然也可以自由地前后翻动页面。

不利的是，听众可能会提前阅读你现在不想讨论的部分，也可能会提出你本来想在以后加以讨论的问题。同样原因，由于每个人都低头看他的直观教具，你可能会失去同听众目光交流的机会，无法弄清他们到底是否听懂了你正在讲的问题。

3. 视频会议

第三种情况是演示者和听众处在不同的地理位置，但是通过使用视频技术，演示者和听众可以互相看到对方。

通常来说，视频会议最适合进行讨论和互动。在使用视频会议进行培训和可视化演示时，必须确保所使用的设备可以传输图像。

通常来说，观众数越少，采用视频会议越合适。因为大部分的会议室没有很大的空间，所以当每一位观众都可以同时看到摄像机的画面时效果最好。

最显而易见的优点就是可以节省与会者必须到达同一个地点参加会议所需要花费的时间和金钱。

另一方面，因为采用高新技术而带来了新开销(包括传输开销)，所以会抵消节省下来的部分成本。不仅如此，技术本身的复杂性给你带来的麻烦也相当大。

而且，还需要明确的一点就是绝大部分设备达不到我们平时所习惯的电视级的视频广播品质。

但是，视频会议演示最隐蔽的缺点在于时间延迟，技术中所谓的"同步"问题——也就是信息达到听众那里所造成的延时。这样，就导致演示者无法马上得到听众的反馈，而且听众的提问与演示者的回答都会有一段时间的延迟。

若要最大程度地使用该种媒介，我推荐你与摄像头尽可能多地保持眼神接触，这样可以给摄像头另外一方的听众一种感觉，你是在跟每一位听众单独交谈。

为了拉近与听众的心理距离，在演示过程中，记住每位听众的名字，并在提问或者讨论过程中需要时提到他们的名字，这是一个很好的促进交流的办法。

4. 虚拟演示

最后一种情况就是你与听众不在同一个地点，听众并不在演示房间，而且你不能看到他们。

从本书中你可以了解到，我在此行业已经有很多年经验，而且经历过视频技术的多次革命。从黑板架到幻灯片以及35mm幻灯机一直发展到计算机驱动的动画视频演示。不管技术发展到何种地步，我都可以很快将其掌握。

直到我接触到虚拟演示这个概念——这是一种演示者和听众可以分在地球的两个角落，而仅仅通过电话线、互联网或者计算机软件相连的视频技术。我第一次接触到这种技术时，心里突然一颤，未来或许变得不再像之前想象的那样。使我震颤的是，在过去数次技术革命中我所掌握和熟知的技术都变得不再那么重要。

我希望通过与你分享我的第一次经验，以及这次体验如何更改我思维的方式等，从而帮助你更加容易地学习到我曾经花费了很多精力才学会的课程。虚拟演示可以使用很长时间而不过时，所以在这种情况下，未来就是现在。

早在2003年，我被邀请去做一个长达3小时的讲座，而讲座的地点在距离我家大概2个小时飞机里程的地方。我的期望听众为10个人。我按照自己的建议提早一个小时来到会场，并布置演示设备。接待人员把我领到23楼的一个孤寂的小会议室里。

此时我才发现主持方要我使用"图片会话(PictureTalk)"软件来进行演示。"图片什么？"我问道，对方解释说我要通过PictureTalk、WebEx以及其他一系列软件来进行远程虚拟演示。也就是说，听众不会出现在现场，而他们可能会在各自的办公室里听演示，也许是在同一个建筑物里面，也许是在其他城市的办公室里、在他们的家里或者在其他任何可能的地方。

但是请等一下，我还没有说到我出丑的那一段。那时候我们还不会使用"图片会话(PictureTalk)"来进行演示，其甚至可以在正常启动之前暂停我的演示。庆幸的是我遵守了另外一条准则：我把演示的幻灯片刻录到光盘中，这样便可以将演示的资料通过电子邮件发给听众。

后来，在我花了一个小时布置好设备后，又过了半小时，我准备开始演示。但是请等一下，真正的麻烦才刚刚开始。

请注意，我独自一个人在狭小的会议室进行演示。在这个时候，我意识到现场演示所需要的技巧(我将在本书后面提到)，包括正确的眼神交流，自然的姿势，将胳膊肘高高举起，都将失效，变得毫无用处。

"你现在看到图片了吗？"我在这里，好像是在自说自话。我没有看见这10个听众，并且以后也不会看见他们。我不知道他们是否在听我的演示。我也不知道他们是否能够理解我的演示。因为我的演示没有依靠PictureTalk和WebEx技术，我只能告诉听众转到下一个图片，然后再下一个，再下一个，我也不能确切地知道听众是否真的在这样做。我不停地重复询问他们是否有问题要问，但是因为他们的语音为静音(也许我是在无意之中点了静音确认，但是我不敢确定)，所以我得到的只是寂静。过了一会，我需要询问他们是否在注意听我的演示，因为他们有完全的自由，可以在我不知情的情况下随便做任何事情。我常常会听到来自某个在家听演示的听众那儿传来的小孩叫声，或者卡车经过的声音，喔……那是不是冲马桶的声音？这时达斯·韦得(Darth Vader)可能在认真地聆听我的演示，而我本人却一无所知。下图反映了我当时的心情。

当我勉强获得了上面的那些经验之后，我意识到在虚拟世界中进行演示所需要遵循的法则，并且在后来快速地将其掌握。因此我设置了一系列相关的任务。在对许多虚拟演示者和听众进行咨询后，我总结出下面的规律：通常来说，虚拟演示适用于需要采用可视化图解来传递信息的情形，并且听众人数最好不要太多，最好是问答演示。例如为员工开设的介绍新技术与新概念的讲座，就比较适合虚拟演示。如果是需要很多人参与的协作性工作，就不适合采用虚拟演示。在这种情况下，虚拟演示很难取代面对面的演示。

在发现虚拟演示的缺点的同时，我也注意到虚拟演示有很多其他演示所不具备的特殊优点。

5．优点

像视频会议一样，虚拟演示的最大好处就是可以节省演示的开支，不需要每一位参与演示的人从不同的地方飞到同一个地方来参加演示。这样便为每一位参与者提供了节约参会成本的机会，并节约了乘坐飞机的时间，这是虚拟演示的最大优点。

虚拟演示的第二个优点是可以让不同时区和地区的与会者在同一时间参与演示，如果不使用虚拟演示，这种情况可能就无法实现。换句话说，如果我早上10点在纽约进行了一场虚拟演示，远在旧金山的听众就会在早上7点听到我的演示，而远在东欧的听众在当地时间早上4点也就听到了这场演示。

6. 缺点

如果你是一位演示者，那么就请不要阅读下面的缺点，因为我想你不会希望看到这些缺点的存在。其中一个缺点就是与会者可以在听你的演示的同时做别的事情，而你却无法得知他们在做什么。

然而对我来说，唯一最大的——我是说最大的——缺点，是在于这种虚拟演示完全丧失了与听众之间的直接接触，丧失了即时的反馈以及听众的自觉性。

即使虚拟演示系统为与会者提供了互动以及提问和反馈的功能，这种演示方式还是缺乏直接的眼神交流，听众给我带来的反应大部分情况让我感到痛苦。

- 没有点头或摇头来告诉我"我同意"或"我反对"。
- 看不到听众皱眉头，来提示我"我不懂"。
- 对于我的幽默，得不到任何的笑声反馈。
- 除了"震耳欲聋"的寂静之外没有其他任何的东西。

当然，如果你要求听众在演示之后填写"反馈表"，可能会得到判断演示成功与否的一些暗示。但是，这些暗示可能来得太晚了，而且未必对你以后的演示有帮助。即使听众给你提供了深思熟虑的反馈结果，请认真考虑，但左脑的反应，对我来说最有用的反应，应该是来自于现场演示的即时反馈。

7. 经验

感谢那些已经从虚拟演示中获得经验的人们，他们为我们提供了难得的经验。下面是可以帮助你最充分地利用虚拟演示的优势的一些建议。

与你的技术支持者一起工作。 尽可能地与技术专家们更好地相处，因为他们可以在演示之前帮助你，你可以与他们进行讨论，讨论在演示的过程中如何更好地进行协作，从而让演示变得更加成功。

- 在技术出现故障的时候执行临时计划。
- 测试包括备份工具在内的所有工具。
- 尽量带足电线与电缆，防止在演示的过程中因缺乏这些设备而造成影响。
- 笔记本电脑尽量使用交流电源，而不使用笔记本电池。

做好技术备份方案。 提前将你的虚拟演示文档通过电子邮件发给参加演示的听众，这样的话，万一技术方面出现问题，听众也可以看到虚拟演示的内容。**尽量使文件变得更小，不要超过10M的大小。** 因为一些演示经常包含有照片、卡通动画演示以及视频剪辑等内容，这样你就需要花费很多时间来保证文件的大小符合要求。

做好后勤工作。 确保听众可以提前得到申请的拨号和登录信息。为听众选择合适的在线优先权。例如，听众能否在你进行演示的过程中保存演示和注解的内容？

将做演示的时间限制在90分钟以内。 因为如果没有人为的干预，或者没有太多的互动机会，你可能不能期待听众将注意力完全集中在你的演示上。我宁愿同意"演示的时间越短越好"这样的观点。

将你的虚拟演示材料做成虚拟文件形式。尽可能地简化内容，并使这些文件可以清晰地显示在电脑屏幕上。在采用建模和动画的时候一定要三思而后行，因为计算机将会耗费更多的时间来拖延显示这些内容。

将字幕与虚拟演示内容相匹配。如果你计划采用字幕，要确保字幕与虚拟演示材料相匹配，保证虚拟演示的播放与你的演示内容同步。

与"播放者"协调。如果在虚拟演示中有人为你播放虚拟演示的内容，那么你要与他建立一种沟通协议，这样可以让他知道什么时候可以做什么事情。你自己最好也要学会播放虚拟演示的内容，这样的话你可以最精确地控制虚拟演示播放的时间。

进行预演。采用与正式虚拟演示时相同的技术进行预演。熟悉演示中将要出现在计算机屏幕上的内容。特别需要研究虚拟演示工具的使用以及其可以实现的功能，例如缩放或者指示虚拟演示的某一部分内容，这样就可以最大程度地利用好虚拟演示的优点。

找到至少一个听众来现场参加你的虚拟演示。请求一到两个听众来到你做虚拟演示的房间，让他现场聆听你的演示内容。至少应该让一个听众注视着你的肩膀，这样可以提醒你去讨论与会者向你提出的关于演示内容的问题。否则你可能会因为注意力过度集中于演示本身而忽略了听众发来的信息(在我从前的经历中，我的同事曾经提醒我说，听众要求我放慢演示的速度，并靠近麦克风说话，这样才可以更加清晰地听到演示的内容)。如果听众人数很少，那么你可以在你的面前摆放他们的照片。如果这样也不行，那么或许你可以在房间里面摆放一面镜子，这样你至少可以看到自己的反应。

大声说话，就好像你站在一间满屋子都是听众的会场讲台上或者在大舞台上演示一样。要注意随时调整你的声音，这样可以代替现场演示中演示者手势的作用。为了确保高品质的语音，可以采用头戴式麦克风，不要采用常规的电话话筒或者其他的麦克风。

鼓励你的听众参与演示的内容。 至少要让他们逐一进行自我介绍，包括介绍他们的兴趣、爱好等。注意在与听众交流的时候要提到他们的名字。要向他们解释何时可以进行提问，要用什么方式进行提问。要确保听众明白自己的发言会受到关注。询问他们的观点和反应。不要询问太多泛泛的、开放性的问题，或者回答只是简单的"是"或"不是"的问题。例如不要问这样的问题："大家都听懂了吗？"要这样问："有人有问题吗？"或"你认为对我们的目标听众来说这些信息是否有用？"

在演示中进行电子投票或者民意测验等活动。 通过民意测验技术，你可以公布一些预决策和预编制的是-否或多项选择问题，然后马上记录听众的反应。这种活动对发起讨论非常有益。例如："既然20%的人认为演示很好，而80%的人认为不怎么样，那么调查一下这80%听众中的人员，为什么会认为演示不好？"如果没有人主动发话，那么就点名让其中一个听众发言。

鼓励参与者使用聊天屏幕，并向你提问私人问题。 例如："还有多长时间中场休息？"演示者也可以将简短的书面信息发送到个人或者整个听众群里。

参与者也可以在演示的主屏幕上输入信息，并且每一个人都可以回答主持人的提问："今天都学到了哪些可以从周一早上开始使用的东西呢？"

要得到听众对演示的反馈，不能仅仅采用正式的形式，还要在演示结束之后询问个人，从而得到诚恳的个人回复。

第2篇 筹备演示

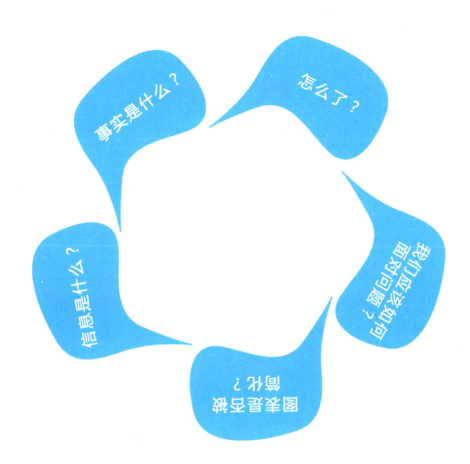

如果你与我的想法一样，你肯定非常希望有一种使演示准备过程更加简易的模式。遗憾的是，许多按模式制作出来的演示，还真不如没有的好，就如下面所示。

通用的演示

第一步，标题。我想大多数演示者已经找不到有创意的标题了。他们的标题看起来都是从这个查找标题的便捷工具中找到的。

查找标题用语	步骤1：任意选择3个数字	
	步骤2：在每栏中找到该数字	
A	B	C
0 评估	0 战略的	0 效率
1 发展	1 组织的	1 机会
2 强调	2 工作的	2 能力
3 提高	3 战略的	3 重点
4 控制	4 组织的	4 资源
5 寻找	5 工作的	5 管理
6 执行	6 战略的	6 优点
7 训练	7 组织的	7 替换物
8 制度化	8 工作	8 挑战
9 复兴	9 其他	9 竞争

下一步，演示者想让观众了解他们用了多长时间准备这次演示，不管这样做有没有必要。这个直观教具就是为此服务的。

背　景

约于 _____ ☐ 天， ☐ 周， ☐ 月， ☐ 年月前，
你要求我们为你公司 _____
(填入演示标题)
_____。

为了加深印象，演示者会诉说他为了演示做了多么艰辛的准备工作，做了多少次采访……

```
                        准备工作

     我们采访了：

        □ 董事会成员              □ 部门经理

        □ 总裁                    □ 大区经理

        □ 执行副总裁              □ 地区经理

        □ 高级副总裁              □ 销售员或代理商

        □ 中层管理者              □ 其他
```

……他们参观的地方发生了什么事。

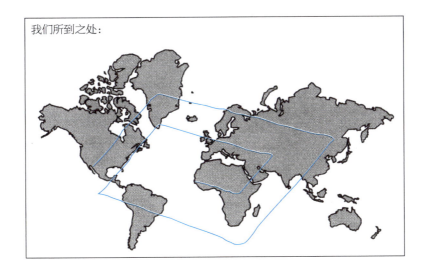

然后，他们开始向听众述说不着边际的分析。

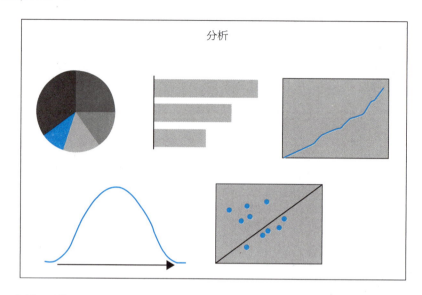

在演示进行1小时45分钟后,他们开始向观众宣布结论和建议,但观众已经睡着,或心不在焉地呆坐在那里,甚至退场了。

我有一个更好的办法。每一次演示都应该为观众回答一个问题,那就是在你的演示方案里已计划好准备要解决的问题。你应该让观众了解为什么要这样回答。在这一章里,我将会讨论如何才能实现这一预期目标。首先,我解释一下为什么要确定信息以及应该怎样去确定信息。然后,我们将讨论如何精心筹划演示的情节、准备开始和结尾阶段的工作,从而让这些内容能够支持你的演示,帮你传递信息并抓住观众的注意力。最后,我将讨论如何设计直观教具以使演示的情景更加生动活泼。

明确信息

假设客户请你向执行委员会做一个演示，介绍这半年你所从事的科研项目。在客户与你讨论演示细节的过程中，由于你的客户意识到这是一个非常重要的会议，因此为你安排了4个小时的演示时间。

现在你开始着手准备这4个小时的演示。能够打发4个小时的幻灯片堆起来大概会有两英尺高。当你摇摇晃晃地抱着两英尺高的幻灯片来到会议室，把它们堆放在会议室的桌子上时，你的客户突然说，非常抱歉，我说过给你4个小时的时间做演示，但现在有意外情况发生，我们只能给你安排1分钟的时间演示。

"1分钟！"你肯定会大吃一惊。你一定用遍了所有骂人的字眼在心中暗暗咒骂了半分钟。那么，现在你打算怎么用剩下的30秒时间概述完本该用4小时才能做完的演示呢？这时，你用半分钟能说清楚的演示内容就是你的信息。

无论你要做的演示有多么复杂，用半分多钟的时间概括说明一下它的内容并不是不可能的。电视广告就是这样做的，我们每天都能看到的大多数的广告只持续约30秒钟。当然，你一定会像我一样欣赏广告创作人员的天赋和创造才能——当然还有大量金钱——所有的付出都是为了这30秒的信息。让我们学会这种才华横溢的表现手法吧！

你的信息要像汽车保险杠上贴的那样：

如果你来自达·布朗克斯，鸣喇叭！

要像报纸的标题一样，紧紧抓住你的注意力并吸引你想去了解的更多内容：

欧洲机票价格跳水！

学习这些例子是一个好的开始。但是，若要你的信息内容充分发挥出来，其必须能吸引听众去了解你的方案的细节，以及别人向你提的问题的答案。它能让演示成为一体，也就是能让听众在一分钟内可以较全面地了解的内容：

为了突破国内业务增长的限制，J.J.公司必须努力抓住在美国急剧增长的机会。

把你的信息写下来，放在一个引人注目的地方，然后由此展开演示的情节轮廓。把它与你的目标——你希望观众如何看待这一信息——合为整体，这会有助于使你的精力集中到确保演示取得成功上。

使用我讲过的办法。如果你给我的时间只有一分钟，要我用它提出如何提高演示成功率的建议，那么我认为应该是这样做：开始演示时，你说，"如果今天只是给我一分钟的时间，那么下面这些是我希望你们从我的演示中得到的……"然后告诉他们你的信息。这样做一下转换，"所幸的是你们给了我4个小时，那么在下面的3个小时59分钟的时间内，我将向你们展示所有的内容。"

使用这种方法，你可能没有必要再用长达3小时59分时间去做余下的演示。考虑到你为演示所做的准备工作那么充分、全面，我想你可能不会赞同这样做。不过，换位思考一下，站在观众的立场想，你可以设想一下你的观众会对你的做法多么欢迎。我相信，如果你经常使用这种方法，减少演示时间，把节约下来的其他时间用来回答听众的问题，那么我们就会提早一些结束演示，也就不会再有观众抱怨时间长了。

组织演示过程

当我们开始关于演示情节的主线的讨论时,我联想到,著名的学者芭芭拉·明托对演示情节主线的研究。就好像作曲家萨利里对音乐神童莫扎特的音乐的研究一样,在我们的关于演示情节的讨论中,芭芭拉·明托就好比是莫扎特,她是这一方法的创始人及《金字塔原则》[1]一书的作者。快订购一本她的书吧!在这本书中,她演示了综合事实和意见的方法、过程,并从而得出合乎逻辑的结论。在这里,我并不是要在演示的组织结构上重复她经过验证的、充满活力的观点,而是在当你明确你的结论后,探讨在演示中应该怎样对结论进行处置这个问题上,分享我的观察和经验。

当对听众汇报研究项目时,我们会对一个我们过去曾使用过的解决问题的方法进行再创造——假设是按照事件的时间顺序,或是我们用过的一系列分析的次序,先来提出结论,然后再提出你的建议,也就是你刚刚写下的信

---

[1] Barbara Minto, *The Pyramid Principle*, Copyright 1998, Barbara Minto International, 19 Cadogan Place, Bell 3, London SWIX 9 SA, England.

息，最后，你再使用余下的时间来向你的听众做解释，告诉他们为什么说你的这些建议是对他们提出的问题的最佳解决方案。

对下面这个简单的事例，看看不同的处理方法所表现出的效果的差异性吧！这是雪莉的最亲密的朋友露西写给她的一封信。我希望你现在把自己当成雪莉一小会儿，进入角色并站在雪莉的角度思考感觉一下露西应该怎样写这封信。

亲爱的雪莉：

还记得上个星期六的下午发生的事吗？那时我与我的男朋友正在公园里玩，然后你靠过来了。后来他告诉我，在我一转身的时候，你偷着吻了他。

还有，那个星期天你在我家，吃中午饭时，我妈妈给你做了一道金枪鱼沙拉，你说："哎呀！我从未吃过这么难吃的沙拉。"

在昨天，我的小猫抓了一下你的腿，你竟然粗暴地踢了她，并威胁我的小猫说要放你的"巨人"狗咬她！

就是因为这些事，我恨死你了，我再也不想和你做朋友了。

露 西

请注意，当你读信的第一段时，了解的是关于上个星期六发生的事情，你并不一定清楚后面会说什么。然后，你又看了第二段，是谈关于星期天发生的事情，最后，你又看了昨天发生的事情。如果你把第一段、第二段、第三段连起来看，你才会明白这封信用这样的顺序叙述，是怎样引到最后的冲击性的结论的。

这是按事件发生的时间顺序讲述的。就算这是对的，但是如果你从后向前重新写一下，把结论放在前面，你就会发现这封信变得观点更清晰，更有说服力，而且非常简单，效果也非常明显。

亲爱的雪莉：

我恨你。下面是我的理由：

(1) 你偷了我的男朋友；

(2) 你冒犯了我的妈妈；

(3) 你惊吓了我的小猫咪。

我可不是建议你在社交关系中也采取这样生硬的处理办法，而只是要你把这一原则用在商业演示的范例中。现在我们正在做准备给英国银行董事会做一个演示，以达到决定是否进入美国市场的目的。

请你跟我一起花几分钟的时间共同来完成接下来的这项活动。我假定把你看做是董事会中的一员。你所要付出的代价只不过是你要耐心地听完这一演示，或最起码的，听一下大致思路，然后做出决定。不管这个主意怎样，但这一切都是为了做练习，至少你在对情节的安排梗概中可以使大脑得到锻炼(要知道，情节的梗概其实要比整个演示简单得多，正式的演示中还要包括论证梗概的事实部分)。

我们先从介绍情节的梗概主线开始，从中可以看出解决问题的方法，从而进一步判断决定进入美国市场是否正确。从结论开始看起，请指出你认为对于结论哪些是可用的论点，判断行或不行。

目　标　　决定在J.J.公司的发展过程中是否应该努力争取在美投资的机会。

话题A　　美国在全球经济中的地位。
论　据　　1. 在世界国民生产总值中占的比例很大。
　　　　　2. 巨额的对外贸易。
　　　　　3. 预期增长的国外投资。

话题B　　美国产业回报率高。
论　据　　4. 成本控制严格。
　　　　　5. 竞争地位稳固。
　　　　　6. 等等。

话题C　　进入美国市场的障碍
论　据　　7. 市场不集中，较分散。
　　　　　8. 消费者精明。

结论概要　A. 美国的经济处在全球领先的位置。
　　　　　B. 美国产业的回报吸引力较强。

C. 障碍可以克服。

建　　议　　可行

不需要用很长的时间，是不是？现在你马上就能知道建议是什么了。

也可能直到现在你还并不是很信服，因为在刚开始的一小段时间，你仅仅知道了建议的内容。要说服你，那才是要靠演示的其余部分去解决的问题：即展示给你引出建议的结论，以及论证结论的论据。因为既然你已经了解结论是什么，那么在你学习演示的整个过程中，你就可以自己掂量出论据的作用。你已经不再只是一个任人灌输，只会听取事实的听众，而是一个能主动地参与一个推理的有认识基础的听众。

好，我听见你在说话。如果观众不同意怎么办？如果最终的建议不是他们所期望听到的，怎么办？如果他们有敌意怎么办？假如一个人毕生的工作就是建在争论的基础上，专门从事于做从基本事实到结论、再到建议的争论，如果你正同这个人一起工作怎么办？好的，你可以这样做，把做结论向后推迟一下。并不是说把结论保留到演示的最后公布，而是在每一个部分结束后就提出一个结论。你看就像这样——

目　　标　　决定J.J.公司是否应在其发展过程中努力争取对美国的投资机会。

问题预览　　A. 经济力量。

B. 潜在利润。

C. 可能性。

问题 A　　经济力量。

论　据	1. 在世界国民生产总值中占有很大的比例。
	2. 对外贸易量巨大。
	3. 预期增长的国外投资。
结论 A	美国经济处在世界领先位置。
问题 B	潜在利润。
论　据	4. 成本控制严格。
	5. 竞争地位稳定。
	6. 等等。
结论 B	美国产业的回报较具吸引力。
问题 C	可能性。
论　据	7. 市场分散。
	8. 消费者精明。
结论 C	障碍可以被克服。
结论概要	A. 美国的经济处于全球领先位置。
	B. 美国产业回报较有吸引力。
	C. 障碍可以被克服。
建　议	可行

每当演示出现阶段性停顿，出现有利于我们所要达到的目的时，采用合适、恰当的方式，不失时机地给出一个结论。尽管如此，我认为，演示过程90%的活动内容都要把建议，或者说至少是能引出建议的有利结论，作为重点，加以突出。如果对听众可能做出的反应你还会感到不满意，那么你可能必须在演示结束时再一次提出结论和建议。但在一般情况下，这并不是最佳选择。即使你明白观众在即将结束时还可以继续坚持一会儿，但我还是希望你能在介绍时这样说：

"早上好，关于我们将要提出的建议，我们知道大家可能不会喜欢。但我们仍希望大家能明白，这是我们小组花了大量时间深思熟虑得出的建议。我们研究了各种选择，耗费了大量时间，分析所有的有利方面和不利方面。如果有任何其他的办法，我们也不会提出这样一个建议。我们建议你们继续努力，抓住美国的经济增长机会，打入美国市场。在后面的演示中，我们将解释这样建议的原因。"

换句话说，要使你的观众感受到你在期待、关注他们对演示的反应，并且你对他们的反应是非常感兴趣的。将你自己置于观众的位置听这番开场白，然后体会一下你有什么感觉。

应该把结论或建议放在前面，还是放在中间，还是放在结尾？答案取决于你对当前的情势是如何理解的，特别是取决于你对你的观众的接受程度的理解、认识。一旦你做出了选择，就可以继续进行展开演示的介绍和结尾部分。

想象一下，现在回到你以前曾经乘过的飞机上。在飞机刚飞起来的第一分钟，当乘务员向你介绍飞机的安全设施及其功能时，你那时是何种表现？我想你会像我一样，你肯定会对乘务员的介绍毫不在意：闭上双眼，停止思考，昏昏欲睡。

许多演示开始通常都是如此，平静得让人昏昏欲睡。

可是如果机长一开始这样宣布，你的反应会如何？

女士们，先生们，请看飞机右舷窗外面，飞机的第四个引擎起火了！

我想你肯定会马上进入精神高度紧张状态。你会非常急迫地提出问题，你的声音肯定会大过其他妨碍你得到回答的人。

这就是开场白要达到的效果。开场白需要马上唤起听众的热情，使听众心甘情愿地留在现场并渴望听到以后的内容。

运用你的想象力来点燃听众的激情吧。怎样介绍以后的内容，我则用我称之为PIP的程式公式。

- 目的(Purpose)。你为什么要进行这场演示？我们为什么在这里？当演示结束时，要成功实现什么目的？
- 重要性(Importance)为什么我们今天要达到这一目的？这场演示同我们即将要解决的问题的关系如何？紧迫性又如何？
- 预览(Preview)。当我们对演示的结构以及演示内容有一个全局的了解后，我们就可以把注意力集中在重要内容上，而不是只去考虑演示的进程了。

你可以用任何次序来表述PIP公式所包含的这三部分内容，这取决于你准备采取具有何种特色的演示方式。你可以采用下面的次序。

目的→重要性→预览。目的："我今天做演示的目的是向你们推出一些切实可行的建议，谈如何帮助你克服演示时的紧张情绪。"→重要性："这是非常及时的，因为你们下周要向董事会做演示。" →预览："在我们今天的会议时间内，将会讨论计划、筹备以及安排进行一场成功的演示的步骤。"

或者采用这样的次序。

重要性→目的→预览。重要性："你们下周要向董事会做演示。" →目的："所以，在接下来的一小时里，我会给大家提供一些切实可行的建议，谈谈怎样去克服演示时的紧张情绪"→预览："让我从如何计划演示开始讲，然后是如何设计演示，最后谈谈如何成功地做演示。"

也可以采用这样的次序。

预览→目的→重要性。预览："在这次演示中，我将讨论进行演示需要的关于计划、设计和推出建议的步骤。"→目的："正如大家所了解的那样，每个人做演示时都会产生紧张情绪。所以，我演示的目的是告诉大家，采取什么办法可以克服紧张情绪。"→重要性：

"本次讨论是非常及时必要的,因为你们已接受了于下周向董事会做演示的任务。"

当你考虑如何构思你的PIP程式开场白时,记住,听众在刚坐下来听你的演示时,心里可能正在想一些其他的事情。你要确保使听众将注意力从他们所想的其他事情上转移到关注你的演示上。让他们感觉到花时间听你所做的演示是非常值得的,应该集中注意力去听。

提前把开场白写下来是一个不错的主意,因为那样可以确保演示的流程和内容基调。

计划结尾

当你的听众听到演示者说出"……总而言之"这些话时,他们的脸上总会堆满微笑:不论你的演示有多么清楚、有趣、构造得多么好,他们还是会因为你的演示即将结束而精神一振。结尾,就像刚开始一样,是听众注意力最为集中的时候。我推荐这样一个令人印象深刻的结尾方式:

1. 概括总结你在演示过程中所提出的主要观点,包括结论、发展趋势、有争议的看法等。

2. 缓慢地一字一顿地读出你的建议。记住,你要将之表达为演示的主要内容。

3. 推出你的行动计划。如果听众看到你的实施计划,他们必将更倾向于接受你的建议。你的计划应包括:展示一张显示实施建议的具体步骤或行动的图表,并向听众介绍每一步的执行负责人。要显示每一步可能花费的时间,以及结果的预期是怎样的,什么时候可以最终实现建议。向听众展示每一步的财务支出以及全部的财务开支。

4. **要求听众同意并承诺实施建议**。在演示中，听众点头示意往往是表示"我听懂了"，并不意味着听众表示"我们同意"你的看法和要求。你要坚决、直接、具体地要求："我们今天要达到的目标是要你们同意在你们的部门削减30%的开支。如果我们的目标实现了，那么在公司财务季度结束的时候，我们会看到什么样的结果呢？"如果听众不同意，那么就同听众进行讨论以争取最后得到他们的同意。

5. **统计总结并确定"下一步"**。统计总结在演示中达成的所有一致点。例如，某个听众要求的具体分析，你询问的额外信息。在最后重复这些内容，以使每一个听众知道你已经了解了他们的观点。还有，对后续的会议或者演示的安排要达成一致。

一次演示并不是说随着你最后一句话讲完就到此结束。在你和听众建立关系的一系列复杂过程中，演示只不过是其中的一个方面。应该把演示的结束当成一种期待，所有的人对未来同心协力地投入工作的期待。

用想象说话

我可以肯定一点，这个世界上的人(包括你的听众)很少有人能够通过听你的演示或者看表格中的数字来获得信息。但是，如果采用可视化的图片，那么就可以更有效地传递信息，更加清晰地阐述关系，并且可以更快地对听众产生影响。

在《用图表说话——麦肯锡商务沟通完全工具箱》一书中，我为读者绘制了一幅图，可以用来为每日商业演示创建可视化效果。大部分的可视化内容可以被分为三类，如下所示。通常使用文字可视化来解释是什么和为什么。数据表格采用可视的图像来解释数字，而概念图表可以用来诠释组织、时间线、流程图以及其他观念或行为。

对于大部分演示来说，绘制很好的一幅图表和文字信息都是非常有用的。但是，我必须承认，有时候你需要花费更多的精力来抓住听众的注意力。今天，听众对活动的期待会比以往任何时候都要高，而注意力集中在某件事情上的时间会更短。我们共同的意识是，如今越来越多的娱乐资源，数以百万计的网站信息，成百上千种专业杂志以及无数优秀的有线电视频道会越来越激烈地争夺观众的眼球。而最终，你会发现要让演示者做到可以激励观众，或使演示人抛弃自满，去主动拥抱新的改变将是一件非常艰难的事情。

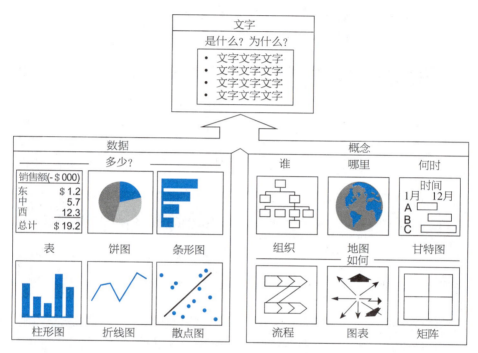

这种挑战需要你充分地运用想象，将可视化的创造延展至每一天。幸运的是，创造这种效果的工具就在你的手中。实际上，他们都是一些比较熟悉的概念，例如，可视化的隐喻、幽默、绘画以及音乐等。在这里我要教给你的技巧是如何用创新性的方法来应用这些概念。

让我为你提供一个简单的例子。

我们的目标是劝说一个消费品公司引进一条全新的产品生产线，从而可以显示出随着时间的改变，农村到城市人口的变化。请不要问这些数据的准确度，这是我假设的。

农村人口与城市人口占美国总人口百分比			
	过去	中间期	如今
农村(%)	70	65　60　55　50　45	40
城市(%)	30	35　40　45　50　55	60

最好的方式就是像下图那样用柱形图显示数据。虽然这种图可以很好地显示出信息，但是并不能如你所愿般摄人眼球。

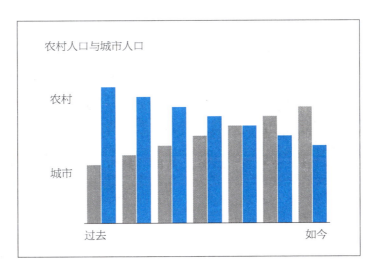

如果用一幅有人口图片的美国地图作为背景，主体显示农村和城市人口的变化数据，我认为这样的图片会更有意思。你怎么认为？

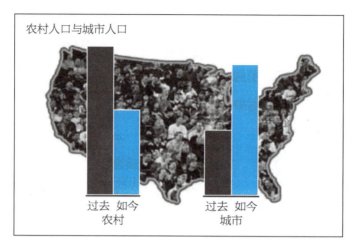

如果用上面的观点来评判表达数据的好坏，我认为没有比下面的图片更能吸引读者的眼球的了。

这幅图会让你发笑！图会让你驻足并研究这种可视化效果是怎样产生的。这样便传达了你的观点。我坦诚地告诉你，这幅图并不说明任何实际的数据，但是如果你用这幅图来介绍这个话题的话，听众应该会更加容易产生兴趣，并且会对支持你的观点的图表更感兴趣。

为了帮助你应对"用想象说话"的挑战，我在本章里将每天都要使用的工具进行了想象性的发挥，例如上图中的绘画。在每个实例中，我都会在实际的商业环境里应用想象，并向你展示我的解决方案。我将会给出一些例子，通过这些例子，你可以充分发挥你的想象力，并将其运用到工作之中。

在我们开始之前，我需要提醒你的一点就是本章所列举出来的例子适合于一些特定的情况，所以我要告诫你需要注意他们是否同样适用于你现在所处的环境。首先我需要说经常会有这样的情况，不合时宜的思考可能会帮倒忙。例如，观众可能会把它当做儿戏来看，或者感觉是在浪费时间和金钱，或者当他们碰到一个严重问题的时候会丧失幽默感。所以在使用这些工具之前，需要确定好你的目标，并对你的观众做分析，从而确保他们能够接受你的想象力。

好的，让我们开始吧。

示例1

我们的公司和其他几个竞争对手一起被请到由几家大公司所组成的商业会议上来做演示。所有的与会者的共同目的就是为他们自己的工厂创造新的商机。

我们的演示主题为提出可以提高利润率的新想法,如对可变成本进行控制、无纸化办公等。我们竭力在人群中显示我们的不同,这样我们就需要挑战我们的想象力来获得最新、最具有活力的想法。我们利用门来做了一个比喻,比喻的名字叫做"通向新利润的新入口"。

因为我们设计了由许多门组成的演示内容,并且将演示中的门在显示屏上面依次缓慢播放,从而吸引观众的注意力。一旦开始演示,我们就开始介绍要讲述的内容的标题。我们用不同的门来介绍团队中的每一位演示者,以及他们将要演示的内容。

我们把在封皮上印有门的图片资料分发给每一位听众，作为后备材料，这样，我们所采用的这个比喻(包括我们公司的名字)就会一直在整个演示中被展示。

通向新利润的新入口　　　　　控制可变成本　　　　　无纸化办公

示例2

　　一位日本客户请我们到东京为企业的管理层听众做一场关于创建企业的新组织结构的建议的演示。

　　我们对这场演示的听众的分析是他们可能不会很容易在演示的过程中提出问题，甚至不会有任何的肢体和面部反应。我们决定必须要做出一些不同寻常的事情来带动他们的情绪，因为我们的演示内容不能仅仅是传统的文字信息和企业图表。我们要采用比喻来将不同的企业组织结构展示给现场的听众。

　　首先我们用克里姆林宫的背景图片来描述生硬的、官僚气息严重的、等级森严的组织结构。与之相对应，我们用行星和恒星的运动来象征流动的、有活力的组织结构。

　　在展示了这些内容之后，我们开始了真正的演示内容，面对一个层次更少的组织结构，一个拥有更广跨度控制的组织。针对这样的听众，我们采用了宝塔式的图片来讲解我们要表达的内容。

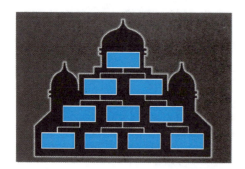

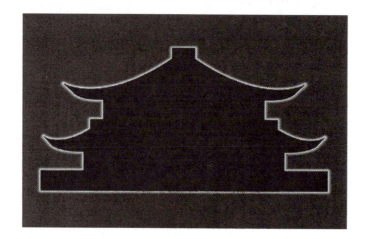

用艺术说话

示例1

在一个行业会议上进行的演示中,我们的演示者想要表达这样一个概念:"组织并不是结构"。并不是方框和组织图表组成的线条将组织集成在一起,但是方框代表了看不到的人们之间的关系。

因此我想到了从前我作为一个艺术鉴赏会讲师时的场景。从埃德加·德加的油画《贝列里一家》里我得到了灵感。这里是演示者所说的内容:

"在埃德加·德加的油画《贝列里一家》里,画家通过一条由椅子腿、桌子腿以及壁炉、镜子边缘构成的生硬的垂直线来将整个家庭的男性和女性分开。

在女性这一边,画家采用一个生硬的三角形来折射母亲的人性,而采用另外一个类似的三角形来代表她的女儿。

注意父亲处的对比度，在此处整个图形变得更圆滑，更接近土地的颜色。

这种对比说明整个家庭面临分裂。然而，实际情况却不是这样。油画显示了父亲与中间的女儿的非常强烈而敏感的眼神交流，这种眼神交流打破了分割家庭的堡垒。"

我们通过在商业世界应用这种可视化的表述加强了这种感觉。在这个图片上，有代表组织的方框以及代表关系的连线，方框上有各种人群的图片以及他们之间的联系。

示例2

在我的工作室里一直有这样的誓言:"创建你自己的工作室"。从本质上来说,这也就是要让我们对自己的事业负责,包括改变我们所做的事情,或者做事情的方式等。

当我们的办公室准备开会研究如何改造自身时,一个被提上议事日程的话题就是如何去实现这个目的。非常巧合,我们准备开会的这个城市迎来了一场毕加索画展。

为了讲述艺术话题,我们在计算机屏幕上显示出毕加索的自画像,每次一张,来表述要重塑自身的意愿。下面是我们的演示者把自己当成油画中的角色而发表的演示:

"我们通过自画像来创建自己的工作室,就像我们在发展事业的过程中说到的那样。我们可以了解到一个全新的行业,探索新的地域或者可以在整个过程中发现更多的自我——测试我们可以达到的智力高度,或者利用好自己的潜能,例如开发创新的培训材料或者写作书籍等。我们有权说,'在我26岁的时候,我成为一个银行职员。当我37岁时,我想成为一个风险管理专家'。"

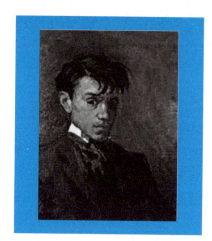

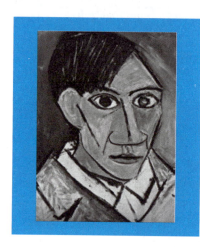

用音乐说话

我们办公室的一位管理者正在对团队人员讲述今后几年他所关注的内容。期望用他的愿景来激励整个团队。他采用了他最喜欢的古典音乐作为背景,并且分别把他演示的4个部分配上了贝多芬第九交响曲的4个乐章。

下面表述了他是如何把自己的演示跟音乐结合起来的:

"我的信息要点就是号召欧洲各国的政府机关进行合作,以及从同一民族的角度来审视欧洲统一的基础。贝多芬一生中大部分时间生活在波恩和维也纳,他通过音乐在比荷卢(他的祖先是佛莱芒人)和德国、奥地利之间建立文化的桥梁。另外一个额外的好处是演示的4个主题正好跟交响乐的4个乐章的节奏契合。例如,第一乐章'比荷卢——当前形势'就代表了演示的第一部分内容。轻快而又不是很快,有点庄严。"

在我们为他设计演示幻灯片时,我们就将演示的4个部分中的每一部分与音乐相结合。然后他开始介绍每个章节,他将每个章节的内容与乐曲的节奏相结合。

我们甚至使用音乐旋律来描述他所阐述的某些数据。例如，你看到的幻灯片描述了在那个时期的员工的成长。

在每个章节的最后，他都用了摘抄的音乐篇章来结束他的演示信息。

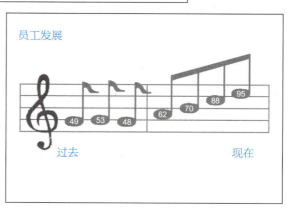

在本书关于幽默的章节里,你将会注意到我说:"我非常谨慎地使用幽默。"我建议只有在可以帮助你阐明观点,或者形势需要时你才这样说,或作为个人,你需要这样来表达信息时才使用幽默。

幻灯片1:"从前有一个公主。她心情很烦躁,决定走出城堡到外面走一走。"

幻灯片2:"想象一下她外出的时候碰到一只青蛙的惊讶表情,特别是当青蛙开始跟她说话的时候,用英文说话,这样……好,我想你知道这个故事吧?对吗?"

幻灯片3:"……她蹲了下来,并亲吻这只青蛙……"

幻灯片4:"……他们从今往后幸福地生活在一起……"

这次唯一的区别在于,公主也变成了青蛙!因此,通过使用惊讶、幽默冲击线,我们阐述了平常的事情可以从可预测变成完全不可预测。

因此这种冲击线不仅会让听众开怀一笑，还会帮助他们记住我们的观点。

用动画说话

像PowerPoint这种软件的一种优点就是动画功能。

现在,我将会首当其冲反对动画,不管是弃用还是滥用动画,其都会分散观众的注意力,或者将观众惹怒。但是动画对于直接指出所要表达的观点还是很有用的。

以我们在一个行业集团举行的演示为例,我们的演示者想要展示这样的情况:虽然物价在许多年里持续上涨,但是现在却因为生产中的多种原因压迫而开始极速下降。

在这里我们就有效地使用了擦拭跟进动画来展示物价的上涨,并且在经过擦拭动画之后被各种原因压迫而下降。

你在这里看到的可视化展示中,我们可以为你提供能够支持我们论点的图表与文档。

婴儿潮一代人开始衰老

自有品牌上升

竞争者更有偏重,同时也更平均化

"X一代"生活节俭

折扣商的成长

来自于国外的竞争压力

用动画说话(以及比喻)

有一次,我们的一个同事要在一场高层会议上做关于保险行业现状的演示。为了讲述他的信息,他讲了下面的故事:

"很久以前,你必须努力工作,才能摆脱因交各种保险费给你带来的经济压力,这个年代被称为保险行业的黄金年代。

然后利率变得像天一样高。图片的背景变得越来越深,而一系列的趋势冲击着整个行业。

为了让往日的黄金时代重来,整个业界需要面对这些挑战。"

在他做演示的同时,屏幕上会播放动画的幽默演示,以吸引观众的注意力。

首先,屏幕上出现了那些黄金的岁月。而利率突然迅速增长,整个背景变得黑暗。

下面,我们的演示者将黑暗的背景拖去,同时建议保险业界必须寻找新的光明前途。

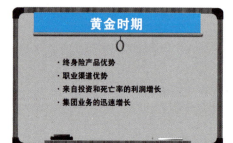

人们每天在报纸、杂志、商业报告以及演示中所见到的饼图、条形图、柱形图、折线图以及散点图等,这些图的致命缺点非常类似。应该如何去做才能让他们显得突出呢?

在这里,我要给予许多年报设计者,特别是首页拥有图表的(如《今日美国》)设计者一个建议,要采用可以摄人眼球的图片来吸引读者。

下面是一些附例,可以为你说明如何使用这5种基本的图表形式——饼图、条形图、柱形图、折线图以及散点图——来抓住读者的注意力。其中的奥秘就是将你要表达的信息可视化。换句话说,将图表、照片或者其他图像与你要说明的数字和文字相结合。

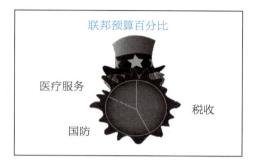

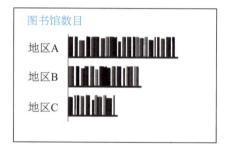

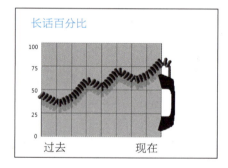
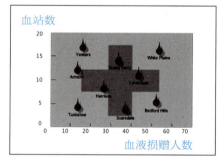

用观众的参与说话

一个针对某公司成员的民意测验表明，有大概50%的员工对他们的工作感到满意，30%的员工正在考虑离开这个岗位，而20%的员工保持中立态度。

这一结果使得企业的管理者抓紧采取行动来解决员工的士气问题。管理者召开了全体雇员大会，来商讨他们的未来计划。

为了鼓励我们的听众，并且使得我们的发现看起来更加真实，我们创建了被我们称之为"生动的饼图"的教具。

我们做了三种不同颜色的篮球帽：深灰色代表那50%乐于工作的雇员，灰色代表那20%的不确定型的员工，而桔色代表那30%的正准备离开的员工。我们把这些颜色的帽子放置在听众的座位下面。

在我们介绍这个主题以及我们的调研结果时，我们要求参与者去捡座位下面的篮球帽。他们拿到的帽子是否代表他们对工作的态度并不重要，重要的是当我们要求每一组拿着相同颜色的帽子的人站起来的时候，我们就把调研的内容告诉他们。用这种办法我们就找到了一种讲述敏感话题的方法，而且这样的方式也使得每个人都想知道我们的解决方案。

在我撰写本书的这一章时，我要求我的同事通读本章内容。虽然我认为这些内容所表达的思想对我来说很自然，但是对于我的同事来说却不是这样。我坚定地认为每一个人都富有想象力，可以和我一样用其来开发思想。其中的技巧是开启你的创造性思维，并将其带到你的生活中来。下面是实现我所说的这些事的一些办法。

(1) 首先，而且是最重要的，不要独自工作。召集你的同事一起工作，并且进行头脑风暴。不要拘束于任何的限制，不要受到任何概念的影响。要确保你首先掌握了整个团队的思想，然后再进行选择，这样就不会有人不敢在桌面上提出他的意见。有的时候，有些人会拒绝接受一些突破性的图片，认为它不合时宜。这个时候你就要坚持其他规则……

(2) 聚焦演示的特殊目的。例如，如果你需要将听众紧急转移到一个重要话题上，需要引用来自报纸和杂志上的文章或者最近的商业援引，来吸引听众的注意。

(3) 分析听众，并判断出他们背景中的独特之处或者共同爱好。例如，如果听众都是工程师，那么你需要考虑使用工程行话。如果他们同属于一个饮酒俱乐部或者在一起运动，那么就可以采用他们参加那些活动时所拍的照片。

(4) 接触所处的环境。例如，如果你要在一个海边的帆船俱乐部做演示，那么可以使用大海波浪的照片，并加上帆船航行的可视化效果。

(5) 聚焦可以引起话题的可视图像。如果准备讨论航空工业等方面话题，可以采用一些飞机、乌云、阳光等图片。

(6) 考虑来自音乐、艺术、体育运动以及其他行业公司的激励。我为了找到灵感，在办公室里面有三大本用来存放我这么多年搜集的图片的活页夹。我每天浏览这些图片，从而带动我的思维。其中一个活页夹里面保存有从报纸和杂志上搜集到的可以引起我注意的图片，第二个活页夹里面保存有我收集来的卡通图片，第三个活页夹里面保存有我从书本里面摘抄的充满智慧的短语。作为对未来灵感的积累，开始收集你的活页夹材料吧！

下一步，对你的想象力是一个挑战。当我推动想法时，我意识到它们只是简单地向我袭来。它们比推断得到的结果来得更加直观和激励人心。脑子里面有这个想法后，你就能够将你的个人能力应用于创新思维中去。

接下来，我将讲述6条信息。请准备一支铅笔、钢笔，或者最好一些彩色蜡笔，并且画出你看到这些信息后的最初、最初、最初的印象。试着掩藏掉你的成人意识并像孩子一样去思考。不要花费太多时间来反复钻研这些图片或尝试使它们变得更完美，只是利用你的直观感觉来作画。如果不能马上得到答案，将其放在一边，以后再说，将注意力集中在下一个图片上。更为重要的是，记住你没有在思考，你是在做。所以就去做吧！

然后，将你看到这些示例所画出来的东西与其他人画出来的相对比，我可以肯定你的作品和其他人的作品一样棒。这样你就可以树立起创建想象的信心。

1 项目将经过5个阶段

2 公司销售额自1990年以来已经增长了4倍

3 两个委员做出两个相反的指示

4 公司雇员的年龄结构同竞争公司的显著不同

5 5个项目相互关联

6 两个项目组必须相互支持以得到更好的结果

① 项目将经过5个阶段

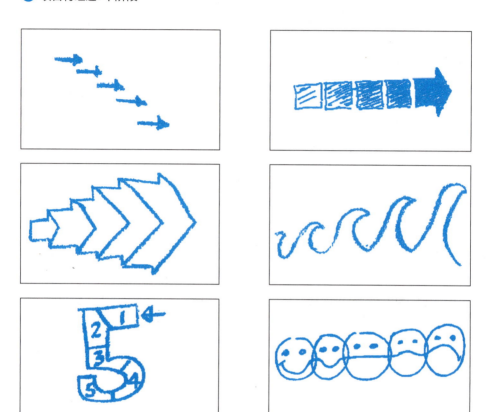

　　因为箭头表示运动和方向，所以它们是形象化地表示一段时间内连续阶段的理想工具。随着箭头的增长，可以看到后面的部分对整个系统的影响更大。在波浪图中，我们采用了一种暗喻来描述波浪变化的过程。我要特别说一下最后一种表示法的优点——就是有5张脸的那张图。这是我的一张得意之作。这里描述的是当雇员加入一个新公司时的精神状态：在加入前两个月、两个星期、加入当天、加入两个星期以后以及加入两个月以后。

❷ 公司销售额自1990年以来已经增长了4倍

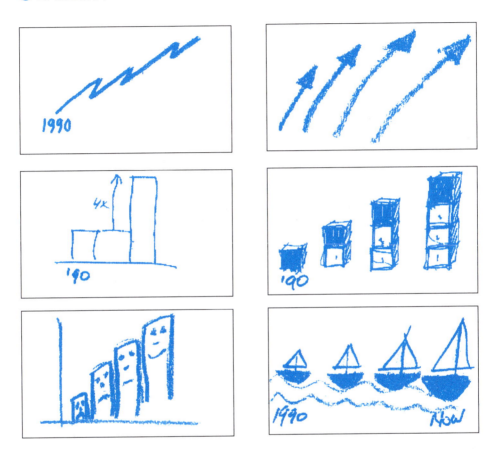

你是使用折线图还是条形图，这都无关紧要。在每种图形中，观众都会看到上升的势头，这就是你要传递的信息(我猜最后一幅图是某个有钱的执行官的儿子画的)。

③ 两个委员做出两个相反的指示

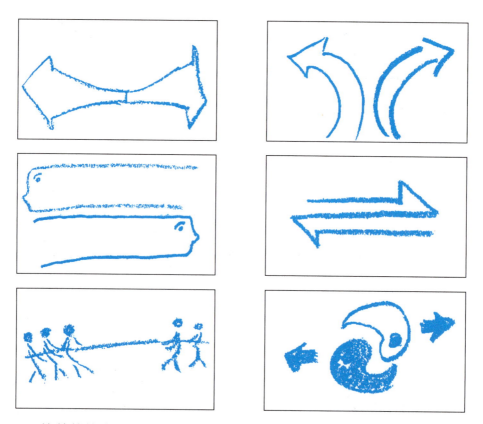

简单的箭头可以有效地展示出两个相反方向的力量，但是需要考虑你所在位置的特殊性，这样可以更加有创新性地使用箭头。在第一个例子中，运动部分的影响随着时间的推移越来越大，所以箭头的尺寸变得越来越大。在另外一个例子中，委员会的委员们已经在一起一段时间，但是互相又离开了，箭头也是这样。在其他的示例中，采用更加人性化的表达方式来表现这个主题，通过描绘委员的人头和身体来使表达更加形象，而采用阴阳八卦图来展现这种含义来得更加有力。

❹ 公司雇员的年龄结构同竞争公司的显著不同

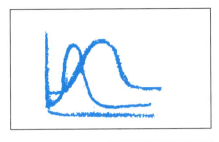
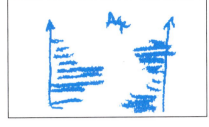

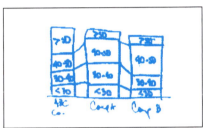
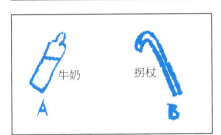

不管你是用折线图、柱形图还是饼图来表示，这都不要紧，它们都能很好地显示出年龄的对比。对比图可以更加人性化地表现出一些年龄数字，比如婴儿奶瓶与手杖或者生日蛋糕上的蜡烛数对比。

❺ 5个项目相互关联

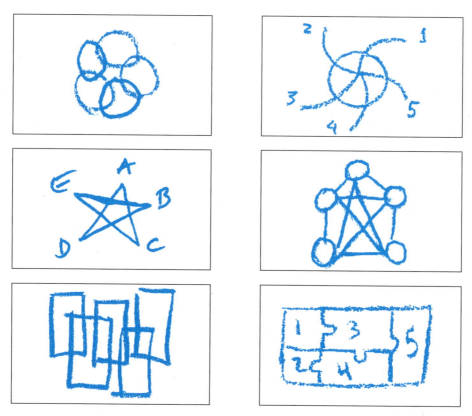

我好多次都用谜图来表示相互关联关系。每个部分都可以单独讨论，结合起来就起到描述它们必须相互配合才能成功地工作的作用。使用重复的方块或圆圈也比较有效，可以利用图形重叠的空间，将文字放在其中，从而可以解释它们之间的关系。如果需要显示迭代过程，可以将一个圆圈划分为多个部分。

❻ 两个项目组必须相互支持以得到更好的结果

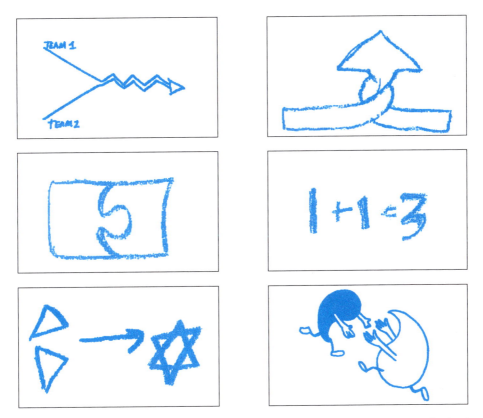

通过采用下面的这些图片，例如两个独立的三角形合在一起变成了一个星号，两个汇合在一起的箭头，以及1加1大于2的算式，或者阴和阳找到了重逢的机会，这样图形都可以显示出共同工作给双方带来的影响。

* * *

下次你设计图表时，在使用逻辑的同时也要相信你的直觉。

设计文字效果

让我们假设回到了罗马时代。假如我们正在等待马可·安东尼给尤利斯·恺撒致颂扬性的演说。安东尼穿着他最漂亮的礼拜日宽松长袍，沿台阶步行登上广场的讲坛，开始对众人做演讲。大家说："马可，我们都在专心倾听着呢！"

马可开始了他的演讲："朋友们，罗马人，来自乡村的人们，请听我说……"不过，这次马可改变了通常火热激烈的演说风格，将他的演说方案投射到了挂在两个科林斯式的柱子之间的床单上。他背对着观众，一字一句地读着他的演讲稿。

你可以想象得出来，罗马人在他开始读稿子之后，都转过身回家去了。一直到现代，仍然有人使用着这种风格的演示，当然它也不会给现代的演示者带来期望的效果，但是，这种风格的演示仍然继续存在着。这种类型的演示依赖于演示者成页成页地念稿，这些演示者其实并不相信他们自己。他们更关心的是手中的讲稿，而不是他们所进行的演示。这种风格的演示与其说是演示，倒不如说是念书来得更确切。

请看，下面的例子是在商业社会里，我们经常会遇到的典型的直观文本教具内容。

组织构成中的主要弱点

股票及债券管理结构有几个重要不足之处亟待在责任重组中被纠正。

1. 缺少公认的公司领导系统(例如，管理委员会、首席执行官、首席财务官、首席运营官)。

2. 主要活动内容不明确，或者地理位置、范围的授权和责任划分界线不清楚。

3. 在生产部门和行政管理部门存在着实际权力交叉(例如预测权的归属)。

4. 在公司活动的不同阶段，对被授权地区(或其分支部门)的自主权缺乏成熟的思考结论。公司总部在每一阶段应该行使何种权力。

用以上这些作为直观教具演示的内容合适吗？那要看你将如何去演示这些内容了。如果你只是把直观教具上的文字读一读，观众很快就会觉得他们受到戏弄，被小看了，认为你低估了他们的智力水平。因为你读给他们听的内容，他们自己就完全可以看得到，无需听你去读。

另一做法是口头解释。但问题是当人们在听你解释时，还会再去注意直观教具上的字句吗？

现在只剩下保持沉默、让观众自己读上面的内容这么一个选择了。这个方法可以偶尔一用。尽管这样说，但是这样做时间一长，静悄悄的房间内会让人感到尴尬。更何况，很难断定到底需要安排多长时间，才能确信使每一个人，包括我们这些读得慢的人可以会读完所有的要点。

这些问题的存在并不是说文本直观教具一无是处了。文本直观教具在下列情况下还是很有作用的。

一、它们能帮助观众看一个复杂演示或章节的结构，例如：

提高利夫高公司的业绩

1. 审查行业发展趋势。

2. 对利夫高公司的业绩表现进行评估。

3. 提出初步的建议。

4. 讨论以后的工作、行动步骤。

二、能强调一些重要的观念，像3个结论，4个建议，5个问题或者6个以后的步骤等。

> **建 议**
>
> 1. 建立关系管理系统。
> 2. 组建专职服务小组。
> 3. 重新组织销售服务处网络。
> 4. 根据顾客类别分别进行组织。

我上面写的这么多展示给你的较长文本内容，是为了确保让你知道你要说什么，为你提供在演示中的参考要点，为制作给观众的印刷品提供素材，这是前期设计的第一步工作。

但这只是演示前的准备工作。关键是，你要通过下列方法将之修改成简洁的直观教具上的内容。

- 首先从必须展示的内容中区别出必须讲的内容。
- 删除附加说明的评论，像"例如"、"即"之类的词。
- 将句子从8个字编辑简化为5个，从5个到4个，依此类推。

为了将冗长的文本简化为演示中要求的较为简短的形式，下面我显示一下这个编辑过程，从而说明哪些内容可以减掉。

组织构成中的主要弱点：

~~股票及债券~~管理结构有几个重要不足之处~~亟待在责任重组中被纠正~~。

1. 缺少一个公认的公司领导系统~~(例如，管理委员会、首席执行官、首席财务官、首席运营官)~~。

2. ~~主要活动内容不明确，或者地理位置、范围的~~授权和责任划分界线不清楚。

3. 在生产~~部门~~和行政~~管理~~部门存在~~着实际~~权力交叉~~(例如预测权的归属)~~。

4. ~~在公司活动的不同阶段，对被授权~~地区~~(或其分支部门)的~~自主权~~缺乏成熟的思考结论~~，以及公司总部~~在每一阶段应该行使何种~~权力。

这是修改后的内容。

组织弱点

1. 缺少公认的公司领导系统。

2. 授权和责任划分界线不清楚。

3. 生产和行政部门存在权力交叉。

4. 地区自主权，以及公司总部权力。

现在，你的行动再也不用受屏幕上的文字约束了；你完全可以根据需要自由决定阐述多少内容。你可以把更多的时间花在观众身上，而不必总是盯着屏幕上的文字提示。而且，你还可以在屏幕上腾出更多的空间，从而使观众更能看清你的直观教具上的内容。

一个更好的做法应该是，进一步将文本直观教具转化为我把它叫做结构性直观教具的演示工具。

文字只不过暗示着各种想法之间的关系，而有图表的直观教具却能直观、明确地显示出这些关系。

下面这是一个文本直观教具，它确定了在演示中要讨论的进行革新的4个步骤。

革新过程

1. 创造梦想。
2. 产生顿悟。
3. 确立优先权。
4. 实施成就。

文本直观教具用起来已经足够好了，但是请注意，当用结构直观教具来显示各步骤之间的关联时，其将变得更为有效。如果说其他作用无关紧要的话，应该说至少它创造了更加令人印象深刻的直观教具，使它在众多文本直观教具的演示中显得非常突出。

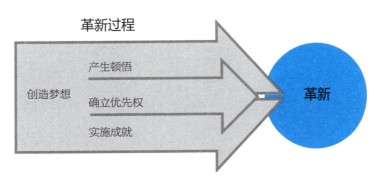

要想找到可供你使用的,将文本页面转化为结构性直观教具的大量图表,请参见作者的另一本著述《用图表说话——麦肯锡商务沟通完全工具箱(珍藏版)》(清华大学出版社,2013年版)的最后一章"寻找问题的解决方案"中的内容,还有一张介绍一些现成可用的解决方法的工具光盘随书发行。

确保简单易读

无论使用什么样的图表、图像、文本,如果字迹在屏幕上是模糊的,那么这就是一个巨大的失败,浪费了听众的宝贵时间。

说到易读,我想起这样一件事。几年前我的一个朋友收到了一封信(你可能已猜到,信中人的名字已被更改)。在放大镜下这样写着:

尊敬的某某公司:

要读出这些内容很费力,对不对?

6个月以来,我们耐着性子听完了你的形象化演示,我们公司有三个人配了眼镜,一个买了导盲犬,而我们委员会的主席则跑到报摊去看报了。

信里提出要求，要看易于辨认的形象化演示。尽管这封信措词幽默，但是它说的问题却是严肃的。

如果说演示的形象化是很重要的，那么把教具做得易于辨认也同样重要。要像我的朋友要求其员工那样去做：他的团队里的成员所做的直观教具不易辨认的现象每出现一次，就罚他们5美元。这样一个月下来，他将罚款得到的钱全都捐给了一个帮助盲人和视力不健全的人的非营利性组织。

大致可以这样说，如果字太大，没有人会抱怨；但是如果字太小，那么所有的人都会抱怨。

对不起，我喋喋不休地说了这么多。

下表显示出在屏幕分别为6、8或者12英尺宽时，听众能够轻松辨认屏幕内容的离屏幕的距离。由于投影仪亮度和昏暗的房间而产生的对比度、字迹因投影仪离屏幕远近不同而造成的明亮度的不同等因素，允许存在5%～10%的距离变化差别。

离屏幕的最大距离

字号	屏幕宽度(英尺)		
	6	8	12
16号小写字母	15	18	20
18号小写字母	23	25	27
20号小写字母	30	35	45
22号小写字母	35	40	50
24号小写字母	45	50	60
30号小写字母	50	60	70
32号小写字母	62	70	80

组织和设计演示的一个好工具是制图软件组件中的演示情节串联板。使用这一工具的好处是，它能最大程度地减少我们埋头于单一图表制作的复杂工作。使用演示情节串联板可以规划出演示的流程，使每一个图表都同下一个图表建立有机联系，一直到观众接受我们所建议采取的措施。我们可以清楚地看出哪些简单的地方图表过多，而在复杂的地方图表反而不足。它还可以帮助我们确定衔接段落存在的问题，以及告诉我们应该在何处总结，以利于我们介绍下一个观点。

下面介绍使用这一工具的步骤。

(1) 根据你选定的演示情节主线拟出演示提纲，这样，你心中对要讲什么内容，并且按什么次序来讲，就都心中有数了。

(2) 根据提纲确定直观教具在什么地方使用，同时确定使用什么样的直观教具。例如，你可以选用文本直观教具来介绍演示的整体流程，可能需要饼图来讲解第一个结论，直观阐明美国占有世界

GDP的最大份额，用条形图表来反映外国直接投资的增长。

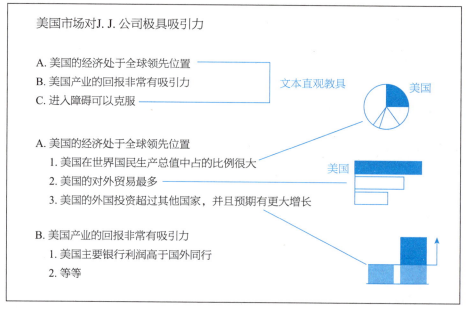

(3) **制作直观教具**。在直观教具右边或下边写上你的演示解说词，包括它的使用说明，以及在整体演示中的重要作用。

(4) **检查流程**。检查图表次序的逻辑性，分析什么地方图表没有必要这么多，什么地方较复杂而图表反而太少，决定什么地方需要进行阶段性的总结。

(5) **记住你使用哪些媒体工具**，在将于最后制作的动画中做好标记(我创造了一种直观教具专用的速记语言，用来显示最常使用的动画。你可以参考使用)。

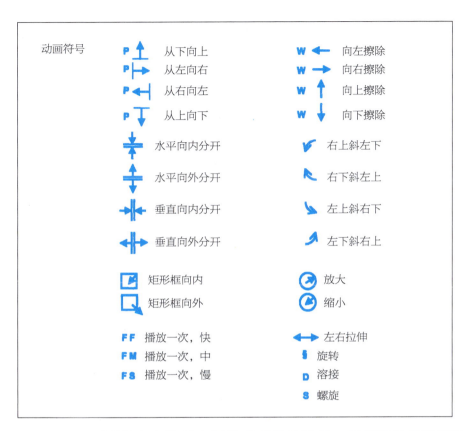

不要担心在演示中用的直观教具过多。有些演示者将直观教具的数量等价于演示的时间长度。有些人甚至以每两分钟使用一种直观教具作为设计尺度，这不是正确的做法。观看一张图片根本不会需要两分钟的时间。而且要记住是你提出的观点数量和复杂程度决定演示的长度。要使用相同长度的时间来演示同一个观点，用5个直观教具来演示一个观点同使用一个直观教具来演示同一个观点，使用的时间应该是一样的。

(6) 如果你把直观教具的数量和使用顺序安排妥当了，那么就在放置直观教具的页面底部写出过渡的语句，也就是从一张直观教具转换到下一张直观教具时要说的起衔接作用的话。

下面是制作完工时演示情节串联板应该具有的样式。

如图所示

我们相信美国市场对J.J.公司来说拥有吸引人的商机,有以下3个原因:美国经济在全球处于领先位置;产业回报率高;进入障碍可以克服。

1

> 介绍(口头部分)
> 目 的　今天我们的目的是介绍J.J.公司开发美国市场的商机。
> 重要性　本次推介非常及时,因为由于市场竞争激烈,加之受到政府的约束,国内增长受到制约。
> 预 览　我们将介绍对于J.J.公司来说,为什么美国市场有强大的吸引力,然后通过分析概括指出适合他们的具体投资步骤。
> 过渡句　好,让我们注意一下美国市场具有吸引力的理由。

2

> 美国市场有较大的发展机会:
> A. 美国经济世界领先;
> B. 美国金融业回报最具吸引力;
> C. 进入美国市场的障碍能够被克服。

过渡

现在让我们更深入地分析以上理由的根据。美国经济在世界上处于领先地位,下面看一看它的三个重要的指标:GDP、对外贸易量和外国直接投资额。

3

如图所示

就国内生产总值(GDP)而言,我们发现美国占世界国内生产总值23%的份额。这超过了任何其他三个国家的总和。

过渡

美国不仅占有世界国内生产总值的最大份额，而且还有超过任何其他国家的对外贸易总额。

4

如图所示

美国去年的对外贸易额超过2 000亿美元，超出排名占全球第二的德国达30%之多。

过渡

另外，美国控制着较大规模的外国直接投资，而且预计其投资额有显著增长。

5

如图所示

今天美国吸收了650亿美元的外国直接投资，在未来5年之内，我们预计外国投资额将有70%的增长，总量将会超过1 000亿美元。其投资额显著高于其他任何国家。

过渡

关掉投影仪，这三个观点——美国拥有的GDP世界最高，拥有较多的对外贸易额，吸引了世界第一外国直接投资——支持了我们的演示结论：美国的经济居于世界领先的位置。

6

更多内容的直观教具

7

美国的增长机会最有吸引力：
A. 美国的经济处于世界领先地位；
B. 美国的金融业投资回报率最具吸引力；
C. 进入美国市场的壁垒是可以克服的。

如图所示

除是经济规模世界第一之外，美国的金融业投资回报率也同样具有强大的吸引力。

过渡

拿美国金融业的投资回报率同世界其他国家的情形做比较。

8

结束(口头)

总　结　总而言之，因为其市场规模大、回报率高以及进入相对容易，美国市场可能提供更具吸引力的商机。

建　议　建议J. J. 公司在这一市场努力找到机会并加以利用，为此我们建议进行下列项目。

行动项目　甘特图

后续步骤　1. 确认能够发挥J. J. 公司优势的条件。
　　　　　2. 确定所需资源。
　　　　　3. 等等。

准备演示

我们在进行演示的时候,不管是站着还是坐着,总是需要表现得神情自若。在演示的过程中如果可以使用注释,那么就可以确保不会漏掉任何重要的内容。下面是准备注释的三个方法。

1. 参考材料

在直观教具的每一页上,我们可以这样做:

(1) 在需要重点指出的数字、文字、参考资料下面划线或者在上面画圈,并记录参考注释;

(2) 写下需要向听众询问的问题,并在页面上留下空白,从而可以在上面写下合理的解答;

(3) 在页面的最下面,写出转到下一页的过渡语,这样可以在翻页之前将其读出。

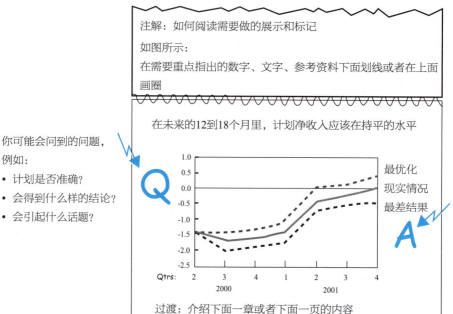

2. 制作注释页

如你所知，感谢电子时代的来临，现在可以在打印直观教具资料的时候在页面底部留出空白来，记录非常规的注释内容。请看下面的示例。

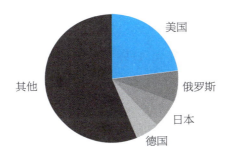

美国全球GDP的最大份额

如图所示

随着国内生产的增长，美国的经济GDP已经占据了超过全球GDP 23%的份额。这个数值超过了排在后面的3个国家的GDP份额的总和。

过渡

美国不仅拥有全球最大的GDP份额，而且还是全球外贸量最多的国家。

3. 演讲稿

如果在演示之前需要书写演讲稿，那么请使用你平时讲话的口气来书写。这样的演讲稿读起来更像你平时谈话的口气，而不要将演讲稿写成书面形式，这样读起来会显得太正式。

记住要讲述一页12开的双倍行距的资料内容需要大概80秒的时间。写作演讲稿的时候，要使用相同大小的纸张，这样可以使得阅读更加容易。将需要着重强调的文字突出显示(采用斜体字或者粗体字)，并且标记出需要停顿的地方。一个可以采用的办法就是在需要停顿的地方划上一条单划线，并在需要长时间停顿的地方划上一条双划线。指出需要更改可视演示材料的地方(我通常采用星号或者红点来进行标记)。下面是这种标记演讲稿的示例：

> 让我们来看一下商业网站的成长历程。现在大概*有<u>100万家</u>的商业网站，而在10年以前基本上没有*商业网站存在。明年商业网站将达到*<u>400万家</u>左右。/
>
> 另外，<u>家庭上网的数量也急速增长</u>。在美国，家庭上网数量从90万增长到*大约<u>2 000万</u>，平均每年增长大约43%。而这种增长也影响着*英国、日本等世界其他国家。/
>
> 我们也期待互联网贸易发生迅猛增长，有望从*去年的30亿美元增长到*明年的<u>1 000亿美元</u>。//

第3篇
进行演示

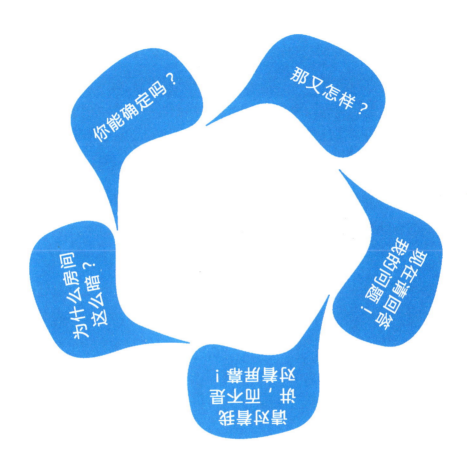

当听众听你的演示时，他们欣赏你的信心、信念和热情，这些都是专业演示者应该体现的素质特点。这些特点能够使听众集中精力接受你传递的信息，伴随着你讲述的情节和展示的直观教具而参与其中、积极思考。尽量使每位听众尽可能多地理解你演示的内容。

信 心

在过去的30多年里,我曾经注意到,大多数商人的生活哲学是没有痛苦就得不到收获。然而我的生活哲学格言是,摆脱紧张就不会受到痛苦。下面看看我的解释。

和伍迪·艾伦一样,在幼儿园我曾得过不及格的成绩。失败所带来的痛苦的结果,是使我对于可能失败的事情,就再也不愿去做。我主动避开批评;宁愿听到别人说我做得如何如何地好,这样还会使自己感觉好像从中学到了什么东西(就像我精通打网球、骑自行车、下国际象棋[1]以及画图表一样),而不愿意因为我做得很糟糕,被迫改正错误而感到痛苦。就演示而言,通过对优秀演示者的研究,我学到了更多的东西。这些演示者似乎都能够毫不费力地愉快地进行一次演示。

深入研究优秀的演示者,你会发现为什么他们总是能够从大众中脱颖而出,一言以蔽之,充满自信心。他们总是信心十足,因为他们

---

[1] 参见我的网站www.zelany.com。

能够适应演示中出现的任何情况，他们的信心来自于对演示技能的全面掌握。

信心的标志　是否达到目标是评价任何演示成功与否的最准确的唯一标准，我们回头完成一下这个演示过程。

优秀的演示者对他们的演示目标应该相当明确。不仅知道为什么要进行演示，谈话要达到什么结果，而且对观众的反应及实现他们定下的演示目标要把握好。

其次，他们应该已经做完前期的准备工作。在演示之前，对有关听众的一切，都必须有详尽的了解。他们知道在对谁讲话，在听众提出疑问之前，能够从听众的眼神里了解听众的疑问。这不仅要做到更多地了解听众，而且要做到了解每一位听众。

第三点，对于所演示的素材，他们应非常熟悉，不会因为一个细枝末节问题的出现打乱了演示的过程而引起恐慌。他们似乎在任何时候都能提供事实来回答听众的疑问。

最后，他们看起来对他们自己的身体、姿势、声音、所使用的设备、直观教具、幽默感、听众提的问题以及自我感觉，都非常自信。对于一个问题，如果他们还没有答案，则应毫不讳言。甚至出现错误时，他们也会坦然承认而使它看起来极为自然。

让我们明白这一点，如果你自己对演示没有信心，就不要指望你的听众对你有信心。

确　信

我曾经在一所商学院探讨过演示中的信念问题。我说过,对你向听众讲的事情,首先你自己要相信。如果连你自己都不相信你说的话,就不要指望你的听众会相信。

那时有个学生反问道:"可是,如果你的经理命令你做一个演示,而你又不赞同自己所演示的建议,那又该如何是好?"

其实我现在要研讨的内容不是他所期待的内容。关于我刚才所说的那件事,听众中的许多人都认为有点理想化。也许是,请中断片刻,让我把这个学生问的问题解答一下。

我回答说:"那你就不要去做。"我继续解释道,如果你自己不相信你演示的内容,听众一定会感觉出来,那么就会对你提出的建议感到怀疑。我建议最好是同你的经理进行一番讨论并说出你的真实想法。如果你能找到一个同事,他不仅相信这一演示内容,而且能令人信服地表述这些内容,让他替代你去做演示比较妥当。如果我的所有这些建议都无法做到，那么你最好坚持不要做这样的演示。

　　如果我是你的老板，你不让我知道你的不同意见，你就是不支持我的工作。同时我肯定会看到你在演示时并不确信自己提出的建议。我很可能认为你的工作非常糟糕。

　　简单说来，如果你不确信你对观众做出的建议是正确的，认为你自己也不会按照你的建议那样去做，那么就不要指望你的听众会听从你的建议！

热　诚

　　我坚信你会因为你的听众接受你的建议而感到愉快。当做一个演示时，你付出多少，就会得到多少。在你演示的过程中，如果你的演示让人感到很厌烦，听众就会厌烦你。如果你满腔热情地做演示，那么你的听众就会热情回应。

　　虽然这样说，但我仍然可以想起一个例外。在一次演示中，演示者的声音很低很低，语言没有任何感染力。我当时同其他听众一样，坐在椅子前边沿上，身体前倾尽量努力听，恐怕漏过一个字。为什么？因为他讲的内容对我来说极其重要，况且这个演示者大名鼎鼎，一向因为他的渊博知识和超人智慧而受人尊重。

　　我们这些演示者，能够受到听众如此程度的信任吗？不能。所以我建议我们演示时一定要满怀热诚，活力十足。

　　信心、确信、热诚，这三者结合使用，才能使你在听众面前的专业形象更加完美。本章就要讨论这些问题。它包括：怎样排练，怎样安放架设设施、设备，怎样运用各种演示技巧，怎样使用直观教具，如何回答听众的疑问，使用幽默以及重视沉默的价值。

预演：找出不完美之处

每当我想到要面对听众发表演说时，我的脑袋就会"嗡"地一响，同时心里会产生一些恐惧：

- 我不能暴露出我很紧张。
- 他们不喜欢我怎么办？
- 他们的提问将会使我下不了台。
- 他们会刁难我。
- 我会因紧张而流汗。
- 我必须让他们知道我为演示付出了多大努力。
- 我必须用演示证明我做准备时花的时间的价值。
- 我必须证明用于演示的钱没有白花。

当这些声音在你头脑里响起时，我希望你能利用一小段空白时间冷静下来。

-
-
-
-

为什么一想到要站在听众面前就会惶恐不安？是因为担心会犯错误、做得很糟糕、丢脸，担心会遇到难堪的事发生吗？印度教宗师克里斯纳莫里曾这样问：当我们的感觉受到伤害时，你能肯定到底是什么原因造成的吗？

其实，当有这种感觉时，我们并没有像拔牙那样受到任何生理上的伤害。但是有时，我们宁愿选择拔牙般的痛苦而去替换这种感觉。这种恐慌给我们的工作带来许多不利。这种情形在我的职业生涯一开始时就遭遇过。

当时，我正在对几个人做培训演示。那个不知为什么让我感到紧张的他，就坐在我的右边，与我的距离很近，近到让人感到不自在。讲了15分钟以后，我听到了他的嘶哑刺耳的喊声："图表印错了！"我非常恐慌：他发现了我演示中直观教具上的印制错误。就是那个让我感到不自在的人喊的！他的思维敏捷得让我感到恐惧，我感到体温上升，心情更加紧张，恨不得找个地方躲起来。

他其实说对了，图表上的垂直刻度为0、2、4、6、8、10、13、15。我该怎么办？我还能说些什么？如果我当时脑子转得更快一些，我就会像一个听众做的那样，说道："基恩是想测试你是否精力集中，能不能把错误看出来啊，达尔斯。"

今天，我敢于面对这种情况了，是什么改变了呢？

也许，最大的变化是我，我不再怕犯错，敢于承认自己犯了错误。我们应该善于从错误中学习，错误会告诉我们应该怎么去做。

我认识到，承认自己犯错误，并且感谢旁观者指出自己的错误，会使旁观者很愉快。这会使他或者她感到对演示的成功贡献了自己的一份力量。因为有了他们的支持，我才得以改正自己的错误。

我意识到，演示也要做到人性化。当演示者站到听众面前时，他们总是尽可能地表现完美。他们认为专业演示者就应该如此。这样的演示者不应该讲错一个字，讲出的语言必须是最流利的，而且在语法上绝对没有错误。对所有问题都能对答如流，演示就该是这样的。

实际上，真实工作中并不存在这样的演示者。而且在听众面前我们越是想显得完美无缺，我们就越显得不合情理。我们必须理解这样的道理：人们打篮球时，如果一切都做得很完美，那么这种运动就会因没有悬念而索然无味；正因为人是做不到完美的，才使这种运动像现在这样充满魅力。

在我们能够显示真我的场所，为什么做到自然、自在会这么困难呢？这可能是因为我们害怕人们会不喜欢我们的表现，其实是我们自己不喜欢自己的方式。我们总是努力想成为不像自己的人——变成自己心目中的完美演示者。在长时间的磨练之后，我们会认识到，当我们面对听众时表现得不再像自己时，那将会是多么地不自在啊！能够成功表演的人只能是丝毫不掩饰的真正自我。

实际上，我们每个人都会犯错误。我们会在不恰当的时间说出一些错误的话，也会做出错误的回答，错误地演示直观教具，会把最重要的直观教具印错；对于这些，其实听众并不会太在意。甚至即使他们注意到了，也会比我们更快地忘掉这些错误。所以我们只需按照程序把演示进行下去，不要太介意这些错误的发生。

所有这些并不是说在演示中，我们不需要为了把工作做得更好而努力，相反，这正是我们在演示前努力做好排练的理由。在排练过程中，我们要认真练习在一次专业演示中，那些必须做的工作。

考虑到听众的水平，演示目标的重要性，我们做准备时耗费的时间和金钱，如果因为不预演而把演示搞砸，你就会知道演示可不是那么简单的事了。"我没有时间去预演"，或者"我不想失去临场发挥的主动性"，如果这些是你失败的理由，那么预演将尤为重要。不要过高地估计自己即兴发挥的能力。在许多会议场合，都曾出现过失败的即兴表演。因此在演示前我们应该仔细思考，等到演示开始时再考虑，那就太晚了。

初次的预演可以单独在房间内进行，就好像你站在将要进行演示的房间里一样。排练的目的是熟悉素材，想想你在使用每个直观教具时要说的内容，大致记下过渡词，验证演示设计要用的时间是否准确。用录音的方法来听听你自己的声音是一个好办法，那样你能听出你的声调究竟是否合适，你的素材是否恰当。

第二次排练最好要有三、四个同事作为听众陪伴，包括一些熟悉和不熟悉情况的人。这次排练的目的是建立信心。要求听众分工，分别注意演示的不同方面：有人注意内容、分析和结构的连续性；另外的人则注意演示是否清楚以及是否有印刷错误；第三个人专门注意演示技巧；第四个人则可以从未来决策者的角度来审视演示。同时，这也是发现可能出现的问题的时候，包括预测听众最有可能提出的三个最难的问题，预先准备好清楚、准确的应对方案是聪明的。

这也是将你自己的演示拍摄记录下来的好机会，你可以把自己当做观众，从客观的角度来检查自己的表现。看这种录像，有两种方法：

(1) 关掉图像，看你是如何处理演示内容和语言的使用的(演示的字句的选择，语调，发音是否清晰，发音是否正确，语速是否合理等)；

(2) 关掉声音，分析你的站姿、手势、面部表情同直观教具是否配合协调等。

什么时候才能知道排练工作已经成熟了呢？

当你感到对明天进行演示具有充足的信心、确信可以成功以及满怀热诚时，你的排练就成熟了。

排练时的一个要点

告诉排练听众，要求他们耐心看排练，并提醒他们，演示就在明天，并请听众注意现在可不是打击我的信心的时候。因为是排练，我可能不使用激动人心的手段去点缀演示。我要求你做到以下几点。

敏　感　在你用否定性的观察结论对我的信心施加无情打击之前，给我一个热身、排练的机会；要想告诉在哪些方面我做得不好，那就先告诉我哪些方面做得不错。多说"我"字来表达你的意思，例如"我看不懂这张图表的内容"，或者"假如我是听众的一员，那么我将会感到疑惑不解"，而不是"看起来你不会使用那张图表，对不对？"那样，就太令人失望了。

建设性　对提出的问题要有建设性。帮我解决如何应对你所提出的问题。

目标性　你不喜欢我在直观教具背景中所使用的颜色，我感到很抱歉。但是，对于传递信息或者对于广大观众来说，没有多大关系，就由它去吧！请对我演示中的不利于理解的地方进行批评指教。

实际可操作性　建议容易，接受建议然后做改动很难。任何演示几乎都有可改动的地方。但是演示就安排在明天，还想在演示之前先美美地睡上一觉，这样，就要集中关注那些可以进行改动的部分。

谢谢你的帮助。现在是该去演示地点看设施和设备是否准备好了的时候了。

安置设备

以我艰难地安置设施和设备时的经历，我愿意向大家提出忠告，应该提前40分钟到达演示地点并进入角色。这是真的，一点小错误都会逐渐暗中破坏、削弱、侵蚀你已经努力建立起来的自信。当你使用的媒体较为先进时，更应该提前到场。下面的问题仅仅是可能在演示时出现的错误的一小部分，就像冰山的一角，看看面对这些情况我是如何应对的。

设施要适合你

问题　灯光开关控制面板需要火箭专家才能操作……如果你第一眼能看到它装在什么地方。温度控制得怎么样？而窗帘安排得合适吗？

我要确保知道灯光开关控制面板在什么地方，我会试试开关，从而我就可以决定哪一盏灯应该开着，哪一盏灯应该关掉，而且是否有些灯需要暗一些。我要确定照着屏幕的灯光可以关掉。

我要问是谁管理控制室内温度，如何做到使房间内温度很适宜。

我要摸摸窗帘，检查窗帘是否可以确保挡住外面的阳光，不会射到屏幕，从而冲淡屏幕上的图像；同时要避免室外环境干扰观众注意力的事情发生。

问 题 房间内的桌子排放往往随意，不合理。

我将排列的U型桌子改变成V形，这种安排使房间内前面的空间更开阔。

我将桌子排在中央过道的两旁，使其成为鱼骨形。

确保中央过道足够宽，这样，人走过时，脑袋就不会挡住投影仪的光线。

将多余的椅子挪开，以免分散听众的注意力。

问 题 麦克风经常是固定在讲桌上，限制了你的行动自由。在你走向屏幕要指出图表重要部分的时候，会感到极为不便。

因此，我就需要使用颈挂式话筒、安放在衣领上的微型麦克风，以及一个无线话筒，这样一来，我就不会被讲桌束缚手脚了。我很少使用讲桌，对于我来说，它总是太高，而且它在我和听众之间制造了一个生理和心理上的隔阂。

当我需要在讲桌上做笔记时，我要确保我是站在讲桌边上，这样听众就可以看到我的整体，而不仅仅是我的头(如果你使用无线麦克风，特别提醒你要注意：当不对听众讲话时，以及你去卫生间时，你要确认它已经被关掉)。

投影仪要适合你

问 题 我注意到，高架投影仪总是安放在会议桌上，这样坐在后面的听众要想看到屏幕就只能凭杂技技巧了。而且，投影仪吸引了听众的眼球，就不再去看演示者了。

可以从执行总裁的屋里或者接待区里搬来一张鸡尾酒桌，或者使用一张钢琴凳。甚至可以将一个垃圾桶倒过来使用。可以使用一把椅子，以及任何18英寸高的东西，这些都可以用于放置投影仪。这样，投影仪就会低于听众的视线，不再阻挡演示了。

问 题 没有两部投影仪是完全一样的。没有两部投影仪的开关放在同一个位置，不会有两部投影仪的光亮度完全相同。没有两部手提电脑使用完全相同的软件，也没有两部激光液晶投影仪布线完全相同。没有两个遥控器能控制一样的电器。

我要确认投影仪上的所有开关，手提电脑上的所有插口，所有遥控功能都被试过且确定是正常的。我要确保电线让开通道，不在过道上阻挡通行，或者最起码要用带子扎好。

问 题 我保证，在最重要的演示中，当你面对最重要的听众时，在最关键的时刻，电灯可能会被烧掉。

我们中有多少人会想到带一个备用灯泡？有多少人会懂得换备用电灯泡？你认为所有的投影仪都有备用灯泡？……对不起，你想错了！

我要检查确认投影仪有备用灯泡。我要找出换灯泡的开关在哪里，而且要检查备用灯泡是否正常。我会多花一些钱在房间里安放一个备用投影仪，测试它并确定它能工作。相对于服务于听众这个重要目的，这些准备工作的代价不足挂齿。

问 题 我注意到所有的投影仪长期得不到清洁维护。

我要用湿布清洁一下镜片、镜头、投影平台。

屏幕要适合你

问 题 如果你不认真考虑就在房间内随便挂上一块幕布，那么你用的幕布将不是太大就是太小。放映字的幕布外表会有4种情况出现：粗糙的表面、透镜似的整体外形、有许多珠状泡沫或者薄得半透明。

如果听众人数达到50人以上，我一般会采用8英尺×6英尺的幕布——即使听众人数超过50也足够了。除非是背投式的屏幕，否则我坚持用不光滑的屏幕。不错，透镜似的和珠状的屏幕会有较亮的影像，但是它们只适合坐在屏幕正前方的观众。对于房间两侧的人来说，坐得越偏，图像看起来就越灰暗。在一个不光滑屏幕上，不管你坐在哪里，图像光线强度看起来都是一样。

我会将屏幕设在房间内较宽的一端，避免听众感到受限制。

我会将屏幕安放在房间的一角，以防止柱子挡住听众视线。

我会让屏幕上方前倾，以免当投影仪从较低的桌子上投射时造成屏幕上的图像变形(称为拱顶石状失真)。

任何情况下，我都把屏幕挂得尽量高些，尽可能地向天花板靠近，这样，后面的听众就不会被前面的听众挡住视线。

结束语：

不要委派他人控制投影仪。

尽量提早进入房间。

避免其他无关目标的干扰。

自己进行内容切换。

运用讲话技巧

当你准备进行一次演示时,怎样才能给听众留下美好而长久的印象呢?我刚刚收到女儿多娜的一封电子邮件,她回答得很巧妙:"就当做没人在看你。"一般情况下,当我们不在乎别人怎样看我们的时候,我们就会表现得最好。反正我们已经精心地策划,仔细地排练过了。这里有几种办法可以让你在观众面前演示时感到轻松自如。

呼吸,呼吸,深呼吸

集中注意力进行呼吸,这是我可以提供给你的也是最好的办法,它可以克服你在观众面前演示时可能表现出来的紧张情绪。在你开始演示时,用片刻时间先感受一下周围的氛围,然后深呼吸一下。在回答问题前也刻意呼吸一下。在任何时候,只要你觉得需要放松,就呼吸一下。

同听众建立目光的交流

如果你想在观众面前演示成功的话，那么在开始时要通过目光与观众进行交流，环顾全场的观众。这是你应掌握的最重要的演示技巧，也是你在观众面前"做演示"和你与观众"进行交流"的区别。

目光的接触实际上是心灵的沟通。它可让观众有参与感，觉得你在和他面对面谈话。当我说"目光交流"时，我是说"视线交流"，是指眼睛的对视。我不是指那种我以前常见到的情况，演示者直盯盯地看着前方12英尺远处，而且这时他还没有意识到这种做法的危险。

当你面对一大片观众时，我建议你在人群的每一个1/4扇形区域内选定一名观众——当然最好是一名面带微笑的观众，而不要选没有精神皱着眉头的人或者打呵欠的人——与其进行目光的接触。因为你和每一位观众之间的距离都是很远的，所以坐在那位观众旁边的人都会感到你好像是在与他们进行目光的交流。

使用卷展式直观教具时，如果发现听众将更多的时间花在阅读手稿而不是抬头看你的演示，那么将铅笔放置在你要讨论的书页上，合上文档并注视听众，就好像刚开始讨论的时候那样。

对于视频会议来说，要尽可能多地注视摄像机镜头，这样可以让摄像机那一端的听众感觉你好像是在单独跟他们每一个人交谈。

讲话自然

我们一般都能写出想要说的话。但我们常常意识不到，书面表达的意思同口头表达的意思写出来、看起来往往是不同的。例如我们读这样一份书面形式的讲稿——我们在吃饭时向服务员订早餐。听众可以听到我们这样读道:"早上好,先生。我今天早上到这里来的目的是预订早餐。我将预订以下几种食品:(a)鸡蛋,(b)面包,(c)咖啡……"你应该看出,这样是不自然的。让我们保持自然而且用通常讲话的方式讲话——使用缩略语、成语等。如果你要事先准备好笔记和讲稿,就一定要确保你的讲稿是用口头语言写出来的。

顺便提及,讲话时要参照笔记,这是一个很好的主意,这样做能确保你不会忘记重要的材料。但是如果你完全依赖笔记,那就不好了。这看起来你像是在给听众读笔记,而不是在对观众发表演示。最好你能在看笔记时,稍微停顿一下。一旦你知道后面的内容是什么就抬起头,面对听众说话,这样就自然些。

语调丰富

有一次,我骑自行车在路上遇到一伙小青年,听到其中一个人问他的朋友:"你大声喊时声音能传多远?我用力喊时声音能传到房子那头。"然后,他就拼命喊道:"喂……房子你好……"声音够响的!其实我并不赞同在演示中像那样高声叫喊,我的意思是说,在演示中,你更要注意语调高低的丰富多彩。在你要强调某个要点时,声音必须稍大一些,以突出要点,而对其他不那么重要的部分,声音不妨低一些。但是最起码要确保坐在房间最后面的听众也能听清你的声音,这样他们就在所有的演示时段内觉得他们是听众的一部分。如果只和第一排的听众进行交流,这样会使其他的听众感到自己被疏远。

对于虚拟演示来说,听众跟你不在一个房间里面,你就要做到好像站在舞台的中央一样,研究一下电台播音员的播音方式,他们通过语音的变化来代替手势以及眼神交流,并且通过语音的抑扬顿挫来赋予他们的声音以生命，并可着重强调其所要表达的内容。一定要确保在演示的过程中的音量超过在电话中跟朋友打电话的音量。另外为了确保高品质的语音效果，不要使用常规的电话麦克风，也不要使用扬声器。

站姿要稳妥，把双手放在腰部以上处

演示者往往对演示时身体应该怎样站立和手应该怎样放不知所措。我相信你看一下本段落标题就会完全清楚了。如果你站姿稳重大方，就可以避免出现前后、左右摆动的现象。如果你肘部弯曲，将你的双手放置在腰部以上，就会看起来很自然，同时能增强你的讲解效果。

如果你想要了解你什么姿态最佳，可以去看看你假期中愉快旅行时的录像。

如果使用卷展式教具以及直观演示，端坐在椅子上，并将双脚自然放在地板上。

站在屏幕旁边

不管你的投影设备是什么设备，站在哪里进行演示都是需要事先考虑的。在整个演示过程中都站在讲桌后，那会使你看起来不如屏幕上放映的直观教具内容重要，如果站在听众和屏幕之间，又会阻挡听众的视线，站在房间的一角同样会阻挡部分听众的视线，同时也会使你分神。

因此我建议你站在屏幕旁边：使身体与屏幕成30度角，这样你可以与观众保持用目光对视沟通。用靠近屏幕的手指向屏幕上你要提醒观众注意的内容。用手指着，这一形体语言动作可以让观众明白他们应该看哪里，而且这种姿势可以允许你的身体做些动作，并能使你的身体得到放松。

是的，但是当你手指向屏幕寻找相关内容的时候，投影仪发出的光束会照到你的脸上和身体上，那怎么办？在你指着屏幕的这几秒钟就让它照着好了。当你脚步退回来解释屏幕上内容的意义时，再向后站一站以躲过投影仪的光束。

有时，你不可避免地只能站在讲桌后面——例如，当你必须查找你预先准备的手稿时。可是，一定不要忘了，讲桌会造成你与观众之间身体和心理上的隔阂。所以只要能避免站在讲桌后面，还是尽量避免。

如果实在不能避免，那么至少在你做介绍时和演示结束时打开室内的灯，人与讲桌并排站立。当你要展示屏幕上的内容时，再站到讲桌的后面，这时观众已不再注意你，而是去关注屏幕上的图像了。

像我之前说的那样，演示者要想在演示过程中自由移动身体，就需要扔掉有线麦克风，采用无线麦克风或者领夹式麦克风等设备。

在必须的情况下才使用教鞭

你的手上已经有了足够多的会给你造成累赘的东西，包括笔记本、遥控器、麦克风夹以及钢笔等，不需要再添加其他的东西了。

我注意到，而且你可能也同样注意到，对于大多数演示者来说，教鞭已经成为一种武器。他们用它回避观众或者用它不时地敲打着可怜的屏幕，或者用它拍打无辜的桌子。最坏的一种教鞭是可折叠的，被演示者一会儿打开，一会儿折上，让人心神不定。

因此最好不要借助于教鞭，你亲自去做你计划做的事情，用你的胳膊和手来直接指向屏幕。

如果我够不到我要指的地方怎么办？如果你非要用教鞭，你当然可以使用它。但是只在你必须的时候：在指向你不用教鞭就够不到的东西时。如果不是这样，就放下不用它。特别是，更不要使用那种带激光束的教鞭。这种教鞭，要想有效地使用它，要求使用者必须要像篮球运动员在中场投篮那样准确，而且光的移动也会分散人的注意力。

对于在屏幕上演示，你当然可以使用鼠标来代替教鞭。即使这样，也要尽可能缩短教鞭在屏幕上跨越的距离。这种摆动也能分散注意力。

对于卷展式直观教具来说，在偶尔的情况下，可以将直观演示整个展示出来，并用教鞭指出来给所有的观众来查看。在其他的情况下，必须用教鞭精确地指出你正在讲述的内容。在直观演示中也需要这样做(请参阅下一章"借助于可视化工具"来获得更详细的信息)。

* * *

为了进一步提高你的演示技巧，请教专家是一个很好的办法。他可以为你提供敏锐的、具有建设性的建议，教你在观众面前如何演示。如果可能，可以使用录像手段，这样你就可以从听众的角度来看看你的演示情况。

借助可视化工具

我们刚刚谈到进行演示时应该如何讲话,以及如何注意站姿等问题。要掌握这些不是轻而易举的,而且做演示的技巧并不仅仅局限于这些内容。你必须经常与直观教具助手相处,尽可能早地驾驭它,运用得轻松自在,这样,使用直观教具就可以成为你的第二天性。下面我就谈谈关于如何在演示中使用直观教具的一些秘诀。

在更换直观教具之前做过渡性讲解

请跟我重复:"在更换直观教具之前做过渡性讲解。"

再重复一遍:"在更换直观教具之前做过渡性讲解。"

再重复一遍:"在更换直观教具之前做过渡性讲解。"

当你打算向听众展示直观教具时,不管它是印刷的文本、高架幻灯片、准备向屏幕投射的教具或是其他什么,在更换使用直观教具之前,一定要对观众做一些过渡性的说明。

　　大多数的演示者在讲这些话之前就开始向观众展示直观教具。此时，听众不知道是要看直观教具上的内容——因为在前面的演示内容里还没有谈到——还是要听演示者说话。听众还可能会得出演示者必须要借助看屏幕才知道该说什么这种不良印象。特别是，当演示者将直观教具作为角色扮演卡时，他讲话时面对屏幕的时间要超过面对听众的时间。在这种情况下，听众自然会产生演示者对讲话内容不感兴趣而且准备不足的负面印象。

　　要充分发挥直观教具的功能，演示和使用直观教具必须密切配合。听到的必须辅助加深对看到的内容的印象，看到的必须支持听到的内容。过渡性的说明正好起到这种作用，将我们当时在直观教具上看到的内容和我们下面将要看到的演示内容衔接起来。

　　要进行有效的过渡性说明，需要执行下面4个步骤。

　　(1) 结束讨论前一张幻灯片后，要保持同听众的目光接触。

　　"正如我们刚刚在演示中看到的那样，美国对于J. J. 公司来说潜力巨大。"

　　(2) 在对下一张幻灯片作过渡性说明时，要同听众保持目光接触。

　　"但是，J. J. 公司能够进入美国市场吗？其实，并不存在难以逾越的障碍。"

　　(3) 当你用新的直观教具替换上一件直观教具时，要保持安静。

　　(4) 当你开始讲解新的直观教具时，仍要同听众保持目光交流。

　　"下面是大家所熟悉的障碍，以及对如何战胜障碍所提的建议。"

讲话时，就要专心讲话；更换直观教具时，就要专心更换

我们必须强调上面的第三个步骤。在更换直观教具的同时讲话容易造成混乱。你同时要做的事情太多了。经常出现的情况是，你只关注你所做的事情，必定会出现脱离与听众的目光接触，你会中断谈话而只去注意直观教具或者投影仪，从而忘记了这里还有许多听众存在。

较好的做法是，说你该说的话，从你一开始演示一直到演示结束，要始终保持与听众的目光交流。当你该换教具时，安静地更换直观教具。这样，你必然可以做到专注于每一环节的工作。

更换直观教具时，不要顾虑环境的安静。其实听众喜欢这样的安静。因为你已经给他们做了过渡性的说明，所以他们恰好可以利用这段寂静的时间来思考后面的内容。

展示每一个直观教具，进而引导听众

(1) 将听众引导至一个特定的页面或可视效果上

"在页面上……，在下面三页……在下一个可视效果……"

(2) 解释章节中的元素

"在垂直线的左边……在水平线的底部。"

"在矩形的底部，我们已定义了6个竞争者。下面我们再列出4个准则。"

(3) 定义任何使用过的代码

"注意这三种颜色。黄色代表……"

"实线表示……，而虚线表示……"

(4) 指出直观教具所要展示的内容

"注意从左下角到右上角移动的趋势。"

"将竞争对手的稳定曲线与你公司的波动曲线相对比。"

(5) 陈述直视演示中的"因此"

"因此,我们需要激励销售人员来考虑收益更佳的账户。"

"作为结果,高科技市场对进入者来说更具有吸引力。"

(6) 过渡到下一个演示

"我们已经看到了高科技市场的许多有利方面。现在让我们探讨一下我们必须谨慎处理的方面。"

自己更换所有的直观教具

当你做演示时,可能更喜欢让别人替你更换直观教具。我认为那样不好。你应该亲自去做这件事。其他人并不知道什么时候更换直观教具最为适当。何况,有时你会兴之所至而临时改变更换直观教具的时刻,不管是因为你突然想增加对一个想法的详细阐述,还是因为你想减少谈论一个想法的时间。这时,你一定会提醒控制机器开关的人,这就干扰了演示,使得整个演示的过程变得不流畅。

但有时在你无可选择的情况下——好比在一个大规模的行业会议上,有专职的图像设备控制人员——我建议你准备一个演示程序稿,并给控制直观教具的人一个副本(在前面章节中,我展示过一个有标记的讲稿范本),以供其在演示过程中配合演示使用。这就更要加强排练与配合。

保持屏幕空白

当你使用投影仪或者激光液晶投影仪时,可以将投影仪偶尔关掉。我并不建议你在展示每一个直观教具后都关掉投影仪,因为这样做太分散观众注意力。不过,在进行长时间的过渡性说明、总结,在更换演示者时,在处理一个与屏幕内容无关的问题时,关掉直观教具是适当的。这是在商业演示中同听众保持目光接触的另一个重要方法。

通过液晶投影仪进行屏幕演示时,要创建一个空白屏幕,可以在笔记本电脑上敲入(.)或者字母"B"。如果再点击一次,将会使屏幕变黑。

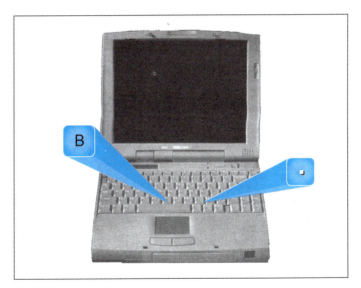

然而,要记住在大讲堂演示的时候关掉投影机,在虚拟演示中也不要使用投影机,因为参加者只会盯着电脑屏幕看。在这种情况下,需要设计一系列的直观教具,从而在漫长的转换过程中进行展示。你可以做到的一件事就是不断重复直观教具的内容,并着重强调正在讨论的部分。

我意识到，我正教给你许多有关的思维想法。我不是说掌握这些是很容易的，不过，我敢肯定，在积累了一些经验和进行多次排练之后，你自然就会掌握这些要点，并且不假思索地把它们用到演示中去，这就使得你可以更加注意演示的内容。

习惯解答问题

对于许多演示者来说,在演示中感到紧张的一个重要原因就是担心提问——更糟糕地,担忧回答不出来问题。如果我们使用了下列这些防御性策略,就证明我们是有担忧的。

拖　延　例如我们说:"女士们,先生们,请大家把问题留在演示结束时。"

因为我们知道我们永不会结束,所以我们就不必处理这些问题了。

控　制　当有人问我们问题时,我们会说:"以后我会回答这个问题。"或者"我会在几分钟以后谈这个问题。"这些是我们通常使用的说法,但是实际表达出的意思却是:"请停止对我的打扰,一旦我觉得有了答案,我会回答你的问题。"

实际上,我们是在告诉听众,我们现在正在讨论的内容比他们问的问题更重要,现在应该先听更重要的。朱迪回忆说,有一次在演示者做了这样推脱后,一个执行总裁跑了出去。他告诉演示者,他准备在他的办公室等候演示者的电话，等着听演示者告诉他何时到了他所说的"以后"的时候。

避 免 我们背对着观众去朗读屏幕上的内容。

如果我们在事先排练时准备不足，就很容易会出现这样的情形。

没有与观众的目光交流，我们就不必承认收到来自观众的任何问题。

拒 绝 我们设计图表时尽可能涉及所有的细节，包括脚注、假设、说明、资料来源以及任何一个我们想说的字眼。

这会使观众感到不好意思提问题，担心因为答案藏在哪个模糊的脚注中未被看到而感到尴尬。

躲 藏 我们使用LCD投影机时，屋子里光线会太暗。

我们无法看见任何人举起手来提问。甚至即使我们看见了，我们也会因为我们在黑暗中，理所当然地看不见而有理由假装看不到。

覆 盖 我们讲话的速度太快，从不中间停顿，以确保没有落下任何一个词。

在听我们讲话时，观众无从置喙。

问题从何而来？我们怎样才能避免在演示中出现这些问题？其实我们做不到。至少我们不要试着彻底消灭这些问题。我们应该做的是改变对待问题的态度。我们应该懂得，观众不是我们的敌人。观众不会有意刁难我们，问那些刁钻的、我们无法回答的问题。他们想要的就是要得到信息，从而更好地了解我们的演示。他们的真正意图是想明白我们观点产生的理由，以达到最终与我们达成共识。

最好的办法是自然地对待问题的产生及解决问题的过程。

(1) 有耐心并且听取问题

通常，问题被提出来了，我们的头脑中会像节拍器那样啪啪作响，心中会怦怦直跳:"我有答案吗?难道我不知道答案吗?我知道答案吗?难道我不知道答案吗?噢,太好了,我知道答案了!"有答案后我们感觉很好,但提问的人还没有说完我们就会打断他。

等待……通常在提问的过程中,往往提问者自己就会找到答案。

等待……我们可能在选择回答问题的措辞时,就会发现已找到答案的线索。

等待……有时听众中会有人主动替你回答问题,这样就不需要你专门来回答了。

等待……有时第一个问题不是提问者真正要问的;第一个问题引出的后面的问题才是提问者真正的问题。

等待……仅仅是因为让提问者说完话你才进行回答,是最起码的礼貌行为。

(2) 问题提出后,稍微思考一下你的答案

回答前稍微停顿一下。这会让人感到你很重视这个问题,所以你需要时间思考,从而找出正确答案。

(3) 你没必要重复问题

如果你认为提问者的问题并没有被房间内所有的人听到,那么你可以把问题再说一遍。如果你没有完全听明白这个问题,你可以重复一遍。如果你回答问题时必须要重述问题才能回答它,你可以重复一遍。如果不是上述几种情况,那么就在你确信有正确答案以后再做回答,不要重复问题。

(4) 只回答听众提出的问题,在回答的内容方面,既不要答多,也不要答少

对问题避免讲解得过于详细,否则会使观众对你产生这样的印象:

"我不仅知道你所问的问题的答案,我还知道你没问的问题的答案。"不要偏离了演示目的,或者破坏了时间限制。

(5) 向所有的观众说出你的答案,不要只针对提问者回答

你要假设每一个人都对答案感兴趣。目光的交流不要只局限于对提问者,眼睛环顾一下观众席,让所有的观众都感到你在与他们进行交流。

(6) 一直等到你圆满回答了问题为止

应该询问提出问题者:你的答案是否令他或她感到满意。那样做,可以让你了解到,你究竟有没有误解听众的问题,或者回答时是否犯了低级错误,答非所问。

我知道你会问这样的问题:

"如果是一个愚蠢的问题怎么办?"

下课以后,在电子白板上把下面这句话写上一百次:

永远不存在愚蠢的问题!

我之所以要向你强调这句话,是因为这句话非常重要。我保证,对于提问题的人来说,他提到的问题肯定不是愚蠢的问题。你要耐心而且以诚恳的态度回答问题,而不是判断问题是聪明的还是愚蠢的。其他听众将会欣赏你所表现出的对听众的尊重态度,以后再向你提问题时就不会感到恐惧。

"如果问题与演示议题无关怎么办?"

那就回答下一个问题。

"如果问题充满敌意怎么办?"

不要去思考问题是否有敌意、故意讽刺或者有其他什么不良企图。你要不带敌意地回答问题,不挖苦提问者,不要关注问题是否有

情绪，回答问题要做到专业，而且要确保你回答的内容会被提问方理解和接受。

"如果提问者不重要怎么办？"

照样回答这个问题。

"如果有人提一连串的问题，过多地占用了演示时间怎么办？"

耐心、简短地回答问题，一旦回答完问题，就不要再与提问者的目光接触，将目光转向别的听众。如果所有这些方法都不起作用，那么就重申演示的目标，指出时间已经很紧张，要求他或者她把问题暂时记下，等到演示结束后，你可以主动与他继续进行讨论。而且，不管你怎样处理都要确保你的语调不要让听众感到你想让提问者自己处理问题。

"如果我不知道问题的答案怎么办？"

那么你首先要感谢提问者问到你还没有想到的问题。下面介绍几个应对这种情况的方法：

- 如果你是某个小组的成员，可以询问一下小组的其他成员是否知道这个问题的答案。
- 可以试试问其他听众是否有答案。
- 将此问题带到以后的演示步骤中去解决。
- 让提问者知道你将找到答案，而且你会尽快地回到他或者她的问题上来，而且一定要遵守你的诺言。

在以上所有这些都说完和做完后，告诉你一点，以后处理此类问题的最好方法是事先预见到听众的这些难题，并且把准备这些难题的答案作为演示准备工作的一部分，在演示之前先预猜听众可能提出的三个最难的问题，并准备好答案。其次，如果你知道你将被问及这些问题，那么就在演示中先主动提出这些问题。

总而言之,请永远记住:听众不是敌人。

慎于幽默

前一段时间在商业学校进行演示时,我曾用几幅卡通画来介绍我的演示。当听众听到有趣的演说而哈哈大笑时,我自我感觉还挺好。后来,我意识到幽默只不过是对我紧张情绪的一种掩盖,暗示着请求听众对我友善些的意思。从那以后我意识到,听众需要得到的是我演示中的严肃内容,而且我也不需要拿说些笑话做拐杖来支撑自己的演示。今天,我仍旧还使用幽默,不过,现在是以一种更具建设性的方式。例如,我学会了:

当幽默能帮你说明问题时,它的作用是巨大的。说与演示无关的笑话或者开玩笑不会帮助演示成功。应该做的是让它充满人性化,让听众一起分享、感受你个人的经历带来的启示。让听众知道你曾经碰到与此相类似的情况,而你又是如何克服它们的。确保听众感到你会遵照你所建议的内容,展示你的经历以支持你的论点。

你可以运用像展览一样的方式来使用幽默,可以比单独使用文字更快地表达出你的意思。例如，你还记得本书前面章节中，"致亲爱的雪莉"那封信了吗？那就是使用不同方式组织演示情节时，使用幽默的一个很好的例子。

如果场合运用得适宜，幽默会起到很大作用。对幽默应该在哪种情况下使用，这里已经说得很清楚了。让我们设想一下：如果你对一个刚失去大块市场份额的公司做演示时使用幽默，那可就不是时候啦！

如果幽默是自发产生的，幽默就会起到很大的作用。我记得曾有人问我这样一个问题："演示者必须重复说出听众问他的问题吗？"我在考虑该如何回答时，无意识地轻声说道："演示者……必须……重复……说出被问及的……问题吗？"

于是我回答道："不，通常不要做重复。"这时，听众哄堂大笑。

只有你对幽默感到轻松自然时，才会产生作用。只在幽默轻松自然时才运用它。

关于如何使用幽默，有几点提醒大家注意。

永远，永远，永远不要使用幽默来攻击听众中的某个人。我曾经见过这样的演示，演示者拼命地挖苦和冷嘲热讽听众中的某些人，听众恨不得钻到桌子下面去。我了解到，某些演示者认为将听众中的某些人当靶子取笑，体现他的"幽默"，这样可以显得他有阳刚之气。这是非常欠妥的。听众的自我保护意识是很强的。你用幽默攻击听众中的某一成员，会造成其他听众主动躲避演示者的目光，以避免成为下一个被他"幽默"的目标。

确保你解释的问题能快速清楚地给人留下深刻印象。运用幽默不要不知所云、无的放矢。它必须同你在演示中阐述的问题有关。顺便提一下，如果使用卡通画，文字说明一定要简洁，即使是从最后一排观众看来，其字体都是粗大、易于辨认的。将说明放在卡通画的上部或顶部，提高观众看到它的可能性。

灵活性　在你说过第一个笑话或者使用第一幅卡通后，如果你没有得到期望的效果，就不要继续再使用幽默了。

最后，也许是最为重要的一点是：如果你对运用幽默感到疑虑或者感到不舒服，不自然，就不要用。

倾听沉默

在回答问题那一章，我谈到要有耐心——在听完整个问题之前，不要匆匆忙忙地作答。同样道理，在整个演示过程中，能够倾听沉默是一个好主意。

这就像开葡萄酒瓶，当你打开瓶子后，酒味就会散发出来。在你开始饮用之前，你会停顿一会儿，为了使酒同室温趋于一致。就演示中阐述你的想法而言，也是同样道理。在阐述完每个想法后都喘口气，让听众细细体会你的每一个想法，使他们有时间吸收、领会、细想以及欣赏你的想法。

几年前，我认识到在对话中使用片刻安静的价值。记得有一次，我去一个首席执行官的办公室那里与他讨论一个程序的合理性，他是强烈反对这个程序的。当我跨进他的办公室里，我已准备好了所有的论据，做好了排练。我气都不喘一口地说出有史以来最长的句子。我绝不给他留出一丝一毫反驳、评论的时间。我让他没有机会说任何话来打断我完美无缺的逻辑推理。

我一直不停地讲啊讲,直到我喘不上气来。而且我的论据已全部摆出来了。然而,那位老总从头到尾一言不发。我走出他的办公室后,感到自己像泄了气的皮球,非常失败。从此以后,我学会了认识沉默,知道沉默是我们最好的朋友,理由如下。

- 它给予我们一个机会,得到了考虑下一步应该说什么所需要的时间,这样,在我们整理好思路之前,就不至于说出全部想法。
- 它将我们想要演示的每一个想法分隔开来,而不是你一直不停地说啊说,好像唯恐有人用某个问题打断你的话。我们可以表达出我们的第一个观点……停一会儿……开始第二个观点……停一会儿。那样,每一个观点都可以引起听众的充分注意。
- 它可以使听众有时间思考我们刚说过的话,而不是苦于应付纷至沓来的太多的话,以至于没有时间去思考、理解你讲的问题。
- 它给听众一个机会说出他们的想法。毕竟,我们一直不停地说,就不如我们时而倾听一下别人怎么说学到的东西更多。

我的一个同事把这称为保持安静的勇气。我欣赏这句话。试试研究一下伟大的演说家与喜剧演员,你将注意到,他们的成功归功于他们掌握了闭嘴的艺术。

结束篇

结 束 篇

如我在一开始所说的那样，学习做演示就像学骑自行车。如果你只是读读操作手册，是学不好骑车的。在学骑自行车时，如果你还不会充满信心和面带微笑地滑行下山，那么你必须知道怎样掌握身体平衡、踩踏板、控制方向、刹车。同样，在你能面带笑容、充满自信地走向会议室之前，你必须学会如何设计和发布一次成功的演示。成功演示的10个规则将会帮助你踏上迈向成功演示的征途。

我希望我的观点和见识会对你做演示有所帮助。即使它永远不会使你在做演示时感到像在小道上骑自行车那样愉快。

现在，我建议你复制一份如下所示的提纲表，然后在每次设计演示时都参照它，这样你就可以明白你是否遵照了怎样成功进行演示的步骤。

成功演示的10个规则

创建直观教具

Ⅰ 你应该尽量让图像设计变得简单。省略附注和关于图表资料的出处说明；把文本直观教具的内容限定在不超过30个字的范围。

Ⅱ 你应该保证坐在最后面的人也能清晰地看到屏幕。请参考"确保简单易读"这一章节中的字迹辨认表格。

Ⅲ 你使用颜色是为了展现演示的目的，用颜色来强调、区别事物以使得演示内容表现得更清楚，或者作为一种表现的象征出现。

Ⅳ 你应该尽量减少使用特效技巧(如动画片)，如果非要使用的话，请充分发挥动画内容的作用。

Ⅴ 要合理安排制作期限。 因为增加了很多内容，如音像，演示就需要花更长的时间，并且制作的费用也增加了。

关于演示

Ⅵ 你应该在演示之前排练、排练、再排练；等到演示时再练就太晚了。如果你对演示的内容已经了如指掌，并且你已经充分预料到在演示中可能出现的某些问题，那么演示时你就会表现得非常自如。

Ⅶ 提前来到演示现场，与技术专家们共同进行周密的筹划工作。确认视频、音频播放功能与你的软件兼容，注意室内的光线强度是否合适。荧光屏周围的环境应该暗一些，而房间里屏幕以外的其他地方则应该明亮；要明了在发生哪类事情时应该给谁打电话求助。最好是预先请一个相关技术专家留在现场做助理。

Ⅷ 你应该多准备一些备用图像材料。否则，你将很难应付意料之外的突发事件。

Ⅸ 当演示中两个阶段之间的衔接时间较长，或者回答观众问题时，或者进入讨论阶段时，你必须让屏幕保持为空白状态。

空屏有利于让观众把注意力集中在你的身上，从而避免图像对演示的干扰。

Ⅹ 大多数情况下，你应尽量遵守10条规则中的前7条。

1. 明确演示任务

明确你的目标

- 你要进行演示的原因是什么？
- 你希望实现什么目标？
- 你想要听众在演示结束后采取什么行动？

分析你的听众

- 谁是行动的拍板决策者？
- 决策者对主题熟悉吗？
- 决策者对主题感兴趣吗？
- 如果他们支持你的建议，听众会有何得失？
- 如果他们反对，会是什么原因呢？

- 听众可能会提出的问题中，最难回答的三个问题是什么？

限定演示目标的范围

- 在指定的时间内你能实现预期目标吗？

选择演示媒介

- 非正式的讨论会、实地调查会议、交流会议选用可散发的印刷品，黑板架，电子板。
- 进度回顾会议选用幻灯片、屏幕/液晶显示器。
- 最后展示选用屏幕/液晶显示器、多媒体录像设备。

2. 筹备演示

明确信息

如果只给你30秒时间，你将如何概括演示内容？

精心制作演示情节主线

介绍

- 目的。
- 重要性。
- 预览。

主体

- 对于接受能力强的听众，结论和建议应放在前面。
- 对于接受能力不强的听众，结论放在每章结束或者(如果你不得不如此)放在演示结尾。

结束

- 总结。
- 建议。
- 行动方案。
- 后续步骤。

建立演示情节串联板

- 设计直观教具。
    - 用什么作为直观教具：文本、图片、模型。
    - 地点：图、进程。
    - 谁：组织图表、照片。
    - 时间：日程一览表、甘特图。
    - 怎样做图解。
    - 多少表格、图表。
    - 怎样的权威引语。
- 直观教具的连接：展开你将要说的内容，并为每个直观教具的使用准备好过渡和衔接。

制作直观教具，以及分发与直观教具内容配套的印刷材料。

3. 进行演示

排演1

- 熟练掌握演示情节和直观教具内容。
- 准备笔记。

- 演练时使用录音机。

排演2

- 与观察力强、具有建设性的、看问题客观且实事求是的同事一起练习。
- 预测会出现的问题。
- 在录像里观察自己的演示情况。

安装设施

- 提前40分钟进入房间，承担安装设施和设备的职责。

实际操作技巧

- 呼吸，呼吸，呼吸。
- 与听众保持目光接触。
- 谈话自然。
- 用丰富的语调。
- 站立姿态稳重大方。
- 双手置于腰部以上。
- 站立在屏幕旁边。

教具助手

- 在更换直观教具之前准备好过渡衔接工作。
- 展示直观教具。
- 引导听众观看每一个直观教具。
- 撤掉直观教具。

驾驭问题

- 保持目光联系。
- 耐心倾听。
- 在回答之前停顿片刻。
- 针对问题作答,不多也不少。
- 回答之后转回到演示内容。

你达到目标了吗?